Wohnungsmiete

Meine Rechte und Pflichten als Mieter

Prof. Dr. Bianca Baldus
Volker Grundmann

C.H.BECK

So nutzen Sie dieses Buch

Die folgenden Elemente erleichtern Ihnen die Orientierung im Buch:

Beispiele
In diesem Buch finden Sie zahlreiche Beispiele, die die geschilderten Sachverhalte veranschaulichen.

Tipp bzw. Hinweis
Hier finden Sie zahlreiche Tipps und Hinweise.

Definitionen
Hier werden Begriffe kurz und prägnant erläutert.

Inhalt

Vorwort

Dieses Buch will Mieterinnen und Mietern auf einfachem, schnellem und verständlichem Weg bei Fragen im Zusammenhang mit ihrem Mietverhältnis Rat geben. Vielfach mag der juristische Laie bei aufkommenden Rechtsfragen zu seinem Mietverhältnis dazu neigen, sich Hilfe auf den verschiedensten Plattformen im Internet zu suchen. Ob diese seriös bzw. aktuell sind, lässt sich häufig kaum feststellen. Dieses Buch möchte helfen, schnell die richtige Antwort auf eine typische mietrechtliche Rechtsfrage zu finden und so eine lange und ggf. mit nicht unerheblichen Kosten verbundene Recherche oder am Ende gar Streit mit dem Vermieter bzw. einen unnötigen Gang zum Rechtsanwalt zu ersparen.

Bereits mit der Wohnungssuche ergeben sich erste rechtliche Fragestellungen, die sich letztlich mit dem Abschluss des Mietvertrags bis zu dessen Beendigung bzw. noch darüber hinaus fortsetzen können. Auf solch typische und alltägliche Fragen, die sich im Laufe eines Mietverhältnisses ergeben, möchte dieses Buch verständliche Antworten geben.

Mainz/Berlin im Juni 2019

Bianca Baldus

Volker Grundmann

Wohnungssuche

Das Wohnungsangebot

Wer auf der Suche nach einer Mietwohnung ist, begibt sich hierfür in der Regel in die bekannten Internetportale oder schaut in lokale Tageszeitungen. Bereits im Wohnungsangebot hat der Vermieter folgende rechtliche Vorgaben zu beachten:

Pflichtangaben in Wohnungsanzeigen zum Energieverbrauch

Seit dem 1. Mai 2014 trifft einen Vermieter die Pflicht, bereits in der Wohnungsannonce Angaben zum Energieverbrauch der angebotenen Immobilie zu machen, sofern ein entsprechender Energieausweis vorliegt, § 16a Energieeinsparverordnung (EnEV).

Folgende Angaben sind zu machen: Zunächst muss die Art des Energieausweises angegeben werden, also ob ein **Energiebedarfsausweis** oder ein **Energieverbrauchsausweis** vorliegt. Ferner muss der im Energieausweis angeführte Wert des Endenergiebedarfs oder Endenergieverbrauchs sowie die wesentlichen Energieträger für die Heizung des Gebäudes genannt werden, bei Wohngebäuden muss zudem das im Energieausweis vermerkte Baujahr und die im Ausweis angegebene Energieeffizienzklasse wiedergegeben werden. Stellt der Vermieter nicht sicher, dass diese Pflichtangaben in der Immobilienanzeige enthalten sind, stellt dies eine Ordnungswidrigkeit dar, die mit einer Geldbuße bis zu einer Höhe von

15.000 EUR belegt werden kann. Eine Geldbuße in dieser Höhe kommt in der Regel allerdings nur bei vorsätzlichem Handeln und bei Wiederholung in Betracht.

Nach jüngerer Rechtsprechung des BGH gelten diese Grundsätze entsprechend für den Fall, dass ein Makler die Wohnungsanzeige geschaltet hat (BGH Urt. v. 5.10.2017 – I ZR 232/16).

Genannte Pflichten nach der Energieeinsparverordnung gelten allerdings nur dann, wenn das Wohnungsangebot in sog. kommerziellen Medien erfolgt. Hierunter sind insbesondere Anzeigen im Internet oder in Zeitungen bzw. Zeitschriften zu verstehen. Nicht erfasst werden private, kostenfreie Kleinanzeigen, z. B. kostenfreie Aushänge beispielsweise in Supermärkten oder an Universitäten bzw. Hochschulen.

Diskriminierungsverbot (AGG)

Das Verbot der Diskriminierung wurde für verschiedenste Lebens- bzw. Rechtsbereiche – entsprechend dem Rechtsgedanken des allgemeinen Gleichheitssatzes des Art. 3 GG und aufgrund diverser EU-rechtlicher Vorgaben – mit dem Antidiskriminierungsgesetz (AGG) konkretisiert. Dieses Verbot gilt – mit Einschränkungen – auch im Wohnungsmietrecht und ist bereits beim Angebot einer Wohnung in Anzeigen in Internet, Tageszeitung u. Ä. zu berücksichtigen. Es gilt somit im Vorfeld einer Wohnungsvermietung, also z. B. auch im Falle einer Nichteinladung zu einem Besichtigungstermin.

Das AGG hat zum Ziel, Benachteiligungen aus Gründen der Rasse oder wegen der ethnischen Herkunft, des Geschlechts, der Religion oder Weltanschauung, einer Behinderung, des Alters oder der sexuellen Identität zu verhindern oder zu beseitigen. Zum Schutz vor Diskriminierung im Zusammenhang mit Wohnraummietverhältnissen sieht das AGG vor, dass einem Vermieter, der mehr als 50 Wohnungen anbietet, also sog. Massengeschäfte im Sinn des § 19 Abs. 1 Nr. 1 AGG betreibt, eine Benachteiligung von Bewerbern verboten ist. Eine Ausnahme besteht nach § 19 Abs. 3 AGG, wenn eine unterschiedliche Behandlung im Hinblick auf die Schaffung und Erhaltung sozial stabiler Bewohnerstrukturen und ausgewogener Siedlungsstrukturen sowie ausgeglichener wirtschaftlicher, sozialer und kultureller Verhältnisse sachgerecht erscheint. Wesentliche Ziele dieser Regelung sind einerseits die Integration sowie andererseits die Vermeidung einer Ghettoisierung.

Bei Vermietern, die weniger als 50 Wohnungen anbieten, gilt hingegen die sog. **Kleinanbieterregelung** (§ 19 Abs. 5. S. 3 AGG). Hiernach ist bei sog. **Kleinanbietern** lediglich die Regelung des § 19 Abs. 2 AGG anzuwenden, wonach eine Benachteiligung lediglich aus Gründen der Rasse oder wegen ethnischer Herkunft unzulässig ist.

Eine weitere Ausnahme besteht gemäß § 19 Abs. 5 S. 1 AGG für Wohnraummietverhältnisse, bei denen ein besonderes **Nähe- oder Vertrauensverhältnis** der Parteien oder ihrer Angehörigen begründet wird. Geschützt wird nach dieser Regelung die Privatsphäre des Wohnungsanbieters, sofern diese ausnahmsweise betroffen ist. Dies ist etwa der Fall, wenn Vermieter und Mieter auf dem gleichen Grundstück wohnen werden (§ 19 Abs. 5 S. 2 AGG) oder wenn ein Untermietverhältnis im selben Haus eingegangen werden soll. Der Vermieter ist dann nach wie vor in seiner Entscheidung frei, wem er letztlich den Abschluss des Mietvertrags anbietet. Es wäre dem Vermieter aufgrund der räumlichen Nähe unzumutbar, bei der Auswahl seines Vertragspartners Einschränkungen zu unterliegen.

Wird gegen das Diskriminierungsverbot verstoßen, kann **Beseitigung bzw. Unterlassung** verlangt werden (§ 21 Abs. 1 AGG). Wurde ein Mietvertrag – unter Verstoß gegen das AGG – mit einer anderen Partei geschlossen, kann nach § 21 Abs. 2 AGG auch **Schadensersatz** verlangt werden. Hierbei ist neben dem Vermögensschaden grundsätzlich auch der sog. immaterielle Schaden zu ersetzen. Dies bedeutet, dass auch jene Nachteile kompensiert werden müssen, die sich aus der durch die Verletzung des Benachteiligungsverbots bewirkten Persönlichkeitsrechtsverletzung ergeben. Der maßgebliche Entschädigungszweck ist dabei die Genugtuung für den Benachteiligten.

Merke

Wird ein Wohnraummietvertrag mit einer großen Wohnungsbaugesellschaft, die über mehr als 50 Wohnungen verfügt, geschlossen, sind die Grundsätze des AGG vollumfänglich zu beachten. Auch Vermieter mit weniger als 50 Wohnungen dürfen nach § 19 Abs. 2 AGG (potentielle) Mieter in der Regel nicht aus Gründen der Rasse oder wegen der ethnischen Herkunft benachteiligen. Handelt es sich hingegen um ein Mietverhältnis mit einem privaten Vermieter in einem von diesem selbst bewohnten Haus, ist das AGG nicht zu berücksichtigen.

Verstößt der Vermieter in relevanter Weise gegen das Verbot zur Diskriminierung, kann Beseitigung bzw. Unterlassung und ggf. Schadensersatz verlangt werden (§ 21 AGG).

Beispiele

Eine Bewerberin für eine Wohnung hatte wegen ihres türkischen Namens keinen Besichtigungstermin erhalten. In diesem Fall hat das Amtsgericht Hamburg-Barmbek eine Wohnungsbaugesellschaft verurteilt, an die Bewerberin gut 1.000 EUR als Entschädigung zu zahlen. Die Höhe der Entschädigung richtete sich dabei nach der dreifachen Monatsmiete (AG Hamburg-Barmbek Urt. v. 3.2.2017 – 811b C 273/15).

Das Amtsgericht Tempelhof-Kreuzberg hat einem türkischen Ehepaar eine Entschädigung in Höhe von jeweils 15.000 EUR zugesprochen, da sich eine Mieterhöhung des Vermieters von einer Anlage mit mehreren Wohnungen ausschließlich an Mieter mit türkischer oder arabischer Herkunft richtete und diesen Mietern ferner keine Räumungsfrist gewährt wurde. Hierin erkannte das Gericht ebenfalls einen Verstoß des Vermieters gegen das Verbot der Benachteiligung wegen ethnischer Herkunft im Sinne des § 19 Abs. 2 AGG und hat genannte Entschädigung nach § 21 Abs. 2 S. 3 AGG zuerkannt (AG Tempelhof-Kreuzberg Urt. v. 19.12.2014 – 25 C 357/14).

Wohnungsvermittlung über Makler

Häufig ist die Wohnungsvermittlung über einen Makler – derzeit insbesondere in Ballungszentren und gefragten mittelgroßen Städten – die für Mieter erfolgversprechendste Möglichkeit, eine passende Wohnung zu finden. Für Vermieter bietet sich die Vermittlung über einen Immobilienmakler insbesondere in strukturschwächeren Regionen an oder für den Fall, dass der Vermieter selbst sich nicht um die Wohnungsvermittlung kümmern kann bzw. möchte.

Beauftragung eines Maklers durch den Vermieter

Beauftragt der Vermieter den Wohnungsmakler mit der Vermittlung seiner Immobilie, war es bis vor wenigen Jahren üblich, diese Kosten dem Mieter aufzuerlegen.

Seit dem 1.6.2015 ist jedoch gesetzlich geregelt, dass ein Makler (der sog. Wohnungsvermittler) nach § 2 Abs. 1a WoVermRG vom Wohnungssuchenden für die Vermittlung oder den Nachweis der Gelegenheit zum Abschluss von Mietverträgen über Wohnräume kein Entgelt fordern, sich versprechen lassen oder annehmen darf, es sei denn, der Wohnungsvermittler holt ausschließlich wegen des Vermittlungsvertrags mit dem Wohnungssuchenden vom Vermieter oder von einem anderen Berechtigten den Auftrag ein, die Wohnung anzubieten.

Eine abweichende Vereinbarung ist gemäß § 2 Abs. 5 WoVermRG unwirksam. Die zusätzliche Vereinbarung, gleichwohl vom Mieter die Zahlung einer Vermittlungsprovision zu verlangen, ist nichtig (AG Freiburg Urt. v. 31.1.2017 – 5 C 1869/16). Verstöße gegen diese Vorschriften können nach § 8 WoVermRG darüber hinaus mit Bußgeldern bis zu 25.000 EUR gegenüber dem Wohnungsvermittler verfolgt werden.

Diese neuen Regelungen sollen gewährleisten, dass nur die Partei Vertragspartner wird, in deren wirtschaftlichem Interesse der Wohnungsvermittler vorwiegend tätig wird.

Hinweis

Hat der Vermieter den Makler mit der Vermittlung der zu vermietenden Wohnung bzw. Immobilie beauftragt und dementsprechend einen Wohnungsvermittlungsvertrag mit dem Makler abgeschlossen, bleibt der Vermieter zur Zahlung der Maklercourtage in jedem Fall verpflichtet (sog. Bestellerprinzip – wer bestellt, bezahlt). Abweichende Vereinbarungen sind unwirksam!

Gegen diese Neuregelung ist eine Verfassungsbeschwerde eingelegt worden, die das Bundesverfassungsgericht in seinem Beschluss vom 29.6.2016 (1 BvR 1015/15) zwischenzeitlich zurückgewiesen hat. Der Gesetzgeber durfte auf Grund seiner Einschätzung der Nachfragesituation auf dem Mietwohnungsmarkt durch Einführung des **Bestellerprinzips** die durch Art. 12 Abs. 1 GG geschützte Berufsfreiheit der Wohnungsvermittler beschränken, von Wohnungssuchenden ein Entgelt für ihre Vermittlungstätigkeit zu erhalten, um sozialen und wirtschaftlichen Ungleichgewichten entgegenzuwirken.

Beauftragung eines Maklers durch den Mieter

Beauftragt der Mieter selbst den Makler mit der Vermittlung einer Wohnimmobilie, ist er auch zur Zahlung der Vermittlungsprovision – sprich der Maklercourtage – verpflichtet. Nach § 2 WoVermRG besteht ein Anspruch auf ein Entgelt für die Vermittlung oder den Nachweis der Gelegenheit zum Abschluss von Mietverträgen über Wohnräume allerdings nur, wenn infolge der Vermittlung ein Mietvertrag tatsächlich zustande kommt. Der Vermittlungsvertrag bedarf grundsätzlich mindestens der **Textform**.

Definition Textform
Unter dem Begriff der Textform versteht das Gesetz nach § 126b BGB eine lesbare Erklärung, in der die Person des Erklärenden genannt ist und die auf einem dauerhaften Datenträger abgegeben wird. Ein dauerhafter Datenträger ist jedes Medium, das

1. es dem Empfänger ermöglicht, eine auf dem Datenträger befindliche, an ihn persönlich gerichtete Erklärung so aufzubewahren oder zu speichern, dass sie ihm während eines für ihren Zweck angemessenen Zeitraums zugänglich ist, und

2. geeignet ist, die Erklärung unverändert wiederzugeben.

In der Praxis fällt unter den Begriff der Textform etwa eine E-Mail, ein USB-Stick, eine CD-ROM oder DVD oder andere elektronische Speichermedien wie die (externe) Festplatte, das Computerfax oder eine SMS. Auch bei Verwendung von Papier ist das Textformerfordernis gewahrt. Das bloße Einstellen in das Internet wäre allerdings unzureichend (BGH Urt. v. 15.5.2014 – III ZR 368/13).

Im Rahmen der Entgeltvereinbarung ist die Vereinbarung einer **Erfolgsprovision** zwingend. Dies bedeutet, dass eine Maklerprovision nur verlangt werden kann, wenn es tatsächlich zum Abschluss eines Mietvertrages kommt. Es ist daher auch unzulässig, diese gesetzliche Vorgabe durch inhaltlich andere Vereinbarungen zu umgehen. Auch in der Höhe ist die Maklercourtage begrenzt. Nach § 3 Abs. 2 WoVermRG darf der Wohnungsvermittler vom Wohnungssuchenden nicht mehr als 2 Monatsmieten zuzüglich der gesetzlichen MwSt. als Vermittlungsprovision verlangen. Nebenkosten, über die gesondert abzurechnen ist, bleiben bei der Ermittlung der der Provision zugrunde zulegenden Monatsmiete unberücksichtigt; es ist ausschließlich die sog. **Nettokaltmiete** maßgebend.

> *Beispiel*
> *Wird ein Wohnungsraummietvertrag vermittelt, in dem eine Kaltmiete von 800 EUR vereinbart ist, darf die Vermittlungsprovision maximal 1.600 EUR zzgl. 19 % MwSt. betragen; insgesamt beläuft sich die Provision in diesem Fall also maximal auf 1.904 EUR. Die Höhe der künftigen Nebenkosten ist für die Berechnung der Maklercourtage nicht von Relevanz.*

Außer diesem Entgelt nach § 2 Abs. 1 S. 1 WoVermRG dürfen für Tätigkeiten, die mit der Vermittlung oder dem Nachweis der Gelegenheit zum Abschluss von Mietverträgen über Wohnräume zusammenhängen, sowie für etwaige Nebenleistungen keine Vergütungen irgendwelcher Art, insbesondere keine Einschreibgebühren, Schreibgebühren oder Auslagenerstattungen, vereinbart oder angenommen werden.

> *Beispiele*
> *Das Verlangen etwa eines von einem späteren Mietvertragsabschluss unabhängigen Service-Entgelts für die Zurverfügungstellung von Objektlisten ist nach der Rechtsprechung des BGH unzulässig (BGH Urt. v. 15.4.2010 – III ZR 153/09).*
>
> *Ferner darf wegen Verstoßes gegen § 3 Abs. 3 S. 3 WoVermRG keine Pauschale für das Ausfüllen eines Mieterauskunftsbogens verlangt werden (LG Bonn Urt. v. 5.12.2013 – 8 S 192/13).*

Die Vereinbarung eines Auslagenersatzanspruchs des Maklers bzw. Wohnungsvermittlers kann nach § 3 Abs. 3 WoVermRG ausnahmsweise aber zulässig sein; dies gilt allerdings nur dann, wenn dem Wohnungsvermittler nachweislich Auslagen entstanden sind, die eine Monatsmiete übersteigen und es nicht zu einem Abschluss eines Mietvertrages gekommen ist.

Auch sind sog. **Kopplungsgeschäfte** unzulässig. Hierunter ist eine Vereinbarung im Maklervertrag zu verstehen, in der sich der Auftraggeber – sprich der Wohnungssuchende – neben dem Auftrag zur Wohnungsvermittlung zusätzlich verpflichtet, im Zusammenhang mit dem Auftrag Waren zu beziehen oder Dienst- oder Werkleistungen irgendwelcher Art in Anspruch zu nehmen (§ 3 Abs. 4 WoVermRG).

Nach § 4 WoVermRG kann für den Fall, dass eine Partei des Maklervertrags ihre vertraglichen Pflichten nicht erfüllt, grundsätzlich auch eine sog. **Vertragsstrafe** vereinbart werden; diese darf aber einen Betrag von maximal 10 % des vereinbarten Entgelts bzw. 25 EUR nicht übersteigen.

Definition Vertragsstrafe
Unter einer Vertragsstrafe versteht man in der Regel das Versprechen der Zahlung eines Geldbetrages für den Fall, dass eine der Vertragsparteien ihre Pflicht aus einem Vertrag nicht oder in nicht gehöriger Weise – etwa nicht rechtzeitig – erfüllt. Die Vertragsstrafe verfolgt in erster Linie den Zweck, die Parteien am Vertrag festzuhalten und sie zur Erfüllung ihrer vertraglichen Pflichten anzuhalten. Es handelt sich insbesondere um ein Druckmittel zur Erfüllung der gegenseitigen vertraglichen Pflichten.

Auch **Vorschüsse** dürfen nach § 2 Abs. 4 WoVermRG weder vereinbart noch gefordert bzw. angenommen werden.

Der Mietvertrag

Der Mietvertrag bildet die vertragliche Grundlage für die wesentlichen Pflichten und Rechte des Mieters und des Vermieters. Soweit keine Vereinbarung im Mietvertrag getroffen wird, gilt das Gesetz – in der Regel also das Bürgerliche Gesetzbuch (insbesondere §§ 535, 549 ff. BGB).

Um eine möglichst große Klarheit für beide Vertragsparteien zu erzielen, ist es ratsam, die wichtigsten Fragen im Mietvertrag zu regeln bzw. festzuhalten. Hierzu gehört die Vertragslaufzeit, die Höhe des Mietzinses und Vereinbarungen zur Mietzinsanpassung, Mietsicherheiten, der Zustand der Mietsache bei Vertragsschluss und Regelungen zu Schönheitsreparaturen.

Die Vertragslaufzeit

Mietverträge über Wohnraum können sowohl befristet als auch unbefristet geschlossen werden.

Der unbefristete Mietvertrag

Sind Mieter und Vermieter an einer längeren Vertragsdauer interessiert, wird in der Regel ein unbefristeter Mietvertrag abgeschlossen. Das Gesetz nennt dies einen **Vertrag auf unbestimmte Zeit**. In diesem Fall endet der Vertrag erst, wenn er wirksam (ordentlich oder außerordentlich) von einer der Vertragsparteien gekündigt wird.

Der befristete Mietvertrag

Haben Vermieter und Mieter ein Interesse an einer kürzeren Vertragslaufzeit, kann grundsätzlich auch ein befristeter Mietvertrag abgeschlossen werden. Dies bedeutet, dass im Vertrag eine Laufzeit bzw. ein Enddatum für den Mietvertrag vorgesehen wird.

Hierbei ist zu beachten, dass ein befristeter Mietvertrag, nach § 550 BGB in Schriftform abzuschließen ist. Das Gesetz sieht für den Abschluss von Mietverträgen grundsätzlich keine Formvorgabe vor, so dass ein Mietverhältnis über Wohnraum mündlich abgeschlossen werden kann, auch wenn sich in der Praxis sicher eine Dokumentation des Mietvertrags empfiehlt.

Soll jedoch ein Mietvertrag über Wohnräume für eine längere Zeit als ein Jahr befristet abgeschlossen werden, verlangt das Gesetz die Schriftform. Anderenfalls gilt das Vertragsverhältnis als auf unbestimmte Zeit – also unbefristet – abgeschlossen.

Definition Schriftform
Unter dem Begriff der Schriftform versteht das Gesetz gemäß § 126 BGB die Dokumentation in einer Urkunde, die von dem Aussteller eigenhändig durch Namensunterschrift oder mittels notariell beglaubigten Handzeichens unterzeichnet wird. Bei einem Vertrag muss die Unterzeichnung der Parteien auf derselben Urkunde erfolgen. Für den befristeten Mietvertrag bedeutet dies, dass in der Praxis alle Vertragsparteien die papierhafte Urkunde unterzeichnen müssen.

Die Schriftform kann auch durch die sog. elektronische Form im Sinn des § 126a BGB ersetzt werden.

Definition Elektronische Form

Unter der elektronischen Form nach § 126a BGB versteht der Gesetzgeber ein elektronisches Dokument, bei dem der Aussteller der Erklärung seinen Namen und eine qualifizierte elektronische Signatur hinzufügt. Für einen Vertragsschluss mittels elektronischer Form ist die Signatur der Parteien eines jeweils gleichlautenden Dokuments notwendig. Ferner muss das signierte, jeweils für die andere Partei bestimmte Dokument ihr auch zugehen.

Der Vermieter ist jedoch nicht immer berechtigt, einen befristeten Mietvertrag über Wohnräume zu schließen. Vielmehr bedarf es hierfür eines sachlichen Grundes:

Nach § 575 Abs. 1 BGB kann ein Mietverhältnis auf bestimmte Zeit nur eingegangen werden, wenn der Vermieter nach Ablauf der Mietzeit entweder die Räume als Wohnung für sich, seine Familienangehörigen oder Angehörige seines Haushalts nutzen will (er also den sog. **Eigenbedarf** geltend macht), er in zulässiger Weise die Räume beseitigen oder so wesentlich verändern oder instandsetzen will, dass die Maßnahmen durch eine Fortsetzung des Mietverhältnisses erheblich erschwert würden, oder er die Räume an einen zur Dienstleistung Verpflichteten vermieten will.

Der Vermieter ist zudem verpflichtet, dem Mieter den Grund der Befristung bei Vertragsschluss schriftlich mitzuteilen. Tut er dies nicht, gilt das Mietverhältnis als auf unbestimmte Zeit geschlossen. Dies gilt gemäß § 549 Abs. 2 Nr. 2 BGB allerdings ausnahmsweise nicht für möblierten Wohnraum, den der Vermieter innerhalb seiner von ihm selbst genutzten eigenen Wohnung untervermietet, es sei denn es handelt sich bei den Mietern um eine Familie, sprich um Personen, die durch Ehe oder Verwandtschaft verbunden sind oder sonstige Personen, die mit Dritten einen auf Dauer angelegten gemeinsamen Haushalt führen.

Mietvertrag zum vorübergehenden Gebrauch

Bestimmte Mieterschutzvorschriften gelten darüber hinaus auch nicht bei einem sog. **Mietvertrag zum vorübergehenden Gebrauch** im Sinn des § 549 Abs. 2 Nr. 1 BGB: Hierbei handelt es sich um ein Mietverhältnis, das aufgrund besonderer Umstände und nach dem Willen beider Vertragsparteien nur von relativ kurzer Dauer sein soll.

Maßgeblich für die Einordnung als Mietvertrag zu nur einem vorübergehenden Gebrauch ist, ob der Mieter sich quasi „in der Wohnung eingerichtet" hat oder nicht.

Typische Anwendungsfälle sind die Miete eines Hotelzimmers oder einer Ferienwohnung für die Dauer einiger Tage oder einiger Wochen. Ferner fallen hierunter Mietverhältnisse von Monteuren am Ort der Montage, Mietverhältnisse etwa für die Dauer einer Messe, einer Kur oder einer Sportveranstaltung.

Kein Fall eines Mietvertrags für vorübergehenden Gebrauch liegt hingegen vor, wenn Studierende für die Zeit ihres Studiums eine Wohnung anmieten. Soll hingegen ein Wohnungsmietvertrag nur für die Dauer eines Semesters abgeschlossen werden, kann dies anders zu beurteilen sein.

Auf ein solches Mietverhältnis zu vorübergehendem Gebrauch finden diverse mieterschützende Vorschriften keine
Anwendung; so kann ein solcher Vertrag grundlos befristet
werden. Das Mietverhältnis endet mit Ablauf der vereinbarten Mietzeit. Ferner sind die mieterschützenden Regelungen
des BGB zur Höhe des Mietzinses bei Vertragsabschluss und
zur Mieterhöhung während der Dauer des Mietverhältnisses
nicht anwendbar (hierzu siehe S. 22 ff. Mietzins).

Befristeter Kündigungsausschluss

Wird in einem Wohnraummietvertrag für eine gewisse Dauer das ordentliche Kündigungsrecht für Mieter und/oder
Vermieter vertraglich ausgeschlossen, spricht man von einem sog. befristeten Kündigungsausschluss. Hierbei muss
unterschieden werden, ob dieser Kündigungsausschluss in
Allgemeinen Geschäftsbedingungen oder individualvertraglich vereinbart wird.

Definition Allgemeine Geschäftsbedingungen

*Unter Allgemeinen Geschäftsbedingungen (AGB) versteht man
gemäß § 305 Abs. 1 BGB alle für eine Vielzahl von Verträgen vor-
formulierten Vertragsbedingungen, die eine Vertragspartei (der
sog. Verwender) der anderen Vertragspartei bei Abschluss eines
Vertrags stellt. Verwendet der Vermieter ein (selbst oder durch
einen Dritten) vorformuliertes Vertragsformular zum Abschluss
des Mietvertrages, handelt es sich grundsätzlich um AGB. Wird
hingegen der Vertrag im Ganzen oder werden einzelne Klauseln
darin individuell ausgehandelt, liegen jeweils keine AGB vor.*

Nach der Rechtsprechung des BGH ist ein individualvertraglich vereinbarter **Kündigungsverzicht** des Mieters auf sein

gesetzliches Kündigungsrecht für die Dauer von 5 Jahren grundsätzlich wirksam (BGH Urt. v. 22.12.2003 – VIII ZR 81/03).

Ein solcher Kündigungsverzicht führt nicht zu einer unzumutbaren Belastung für den Mieter, da er insbesondere zur Stellung eines Nachmieters berechtigt bleibt und so die finanziellen Folgen im Falle einer vorzeitigen Aufgabe der Mietwohnung im Regelfall abmildern kann. Im Einzelfall kann auch ein längerer Kündigungsausschluss (z. B. bis zu 10 Jahren) wirksam individualvertraglich vereinbart werden (BGH Urt. v. 13.10.2010 – VIII ZR 98/10). Dies gilt auch dann, wenn nur seitens des Mieters auf das Recht zur Kündigung verzichtet wird.

Ein Kündigungsausschluss für die Dauer von längstens 4 Jahren kann nach der Rechtsprechung des BGH auch in AGB wirksam enthalten sein, sofern weiterhin vereinbart ist, dass die Kündigung jedenfalls zum Ablauf von 4 Jahren seit Abschluss des Mietvertrags möglich ist. Eine Formularklausel, die dies nicht gewährleistet, ist wegen unangemessener Benachteiligung des Mieters gemäß § 307 Abs. 1 BGB insgesamt unwirksam (BGH Urt. v. 8.12.2010 – VIII ZR 86/10). Insgesamt ist zu beachten, dass ein Kündigungsverzicht, der für einen längeren Zeitraum als ein Jahr vereinbart wird, nach § 550 S. 1 BGB ebenfalls grundsätzlich der Schriftform bedarf.

Mietzins

Die Miete ist die Gegenleistung des Mieters für die Überlassung der Mietsache. Treffen die Parteien keine weiteren Vereinbarungen, sind mit der Zahlung der vereinbarten Miete sämtliche Lasten der Mietsache abgegolten. Diese hat grundsätzlich der Vermieter zu tragen, so dass er verpflichtet ist, die durch die Nutzung der Mietsache entstehenden Nebenkosten zu tragen und die Mietsache in einem zum vertragsgemäßen Gebrauch bestimmten Zustand zu erhalten.

Es ist allerdings üblich und zulässig, dass die Parteien im Mietvertrag vereinbaren, dass der Mieter zusätzlich zur Grundmiete (für die bloße Überlassung der Wohnung) auch sog. Betriebskosten trägt (siehe dazu näher S. 91 ff. Betriebskosten).

Die Verpflichtung zur Instandhaltung der Mietsache kann der Vermieter im Wohnraummietverhältnis nicht auf den Mieter übertragen.

Allerdings können die Parteien als Teil der Gegenleistung des Mieters für die Überlassung der Mietsache – also der Miete – vereinbaren, dass der Mieter in angemessenem Umfang die Kosten für sog. Kleinreparaturen zu tragen hat und dass sich der Mieter während des Mietverhältnisses zur Durchführung der Schönheitsreparaturen verpflichtet (hierzu näher S. 47 ff. Kleinreparaturen).

Zulässige Miethöhe

In der Vereinbarung der Höhe der Grundmiete sind die Parteien grundsätzlich frei (Grundsatz der Vertragsfreiheit). Gesetzliche Grenzen ergeben sich allenfalls aus dem Verbot der Mietpreisüberhöhung nach § 5 WiStG und dem allgemeinen Wucherverbot nach § 138 Abs. 2 BGB. Die strengen Voraussetzungen dieser Vorschriften, insbesondere der gezielten Ausnutzung einer Notlage, sind in der Praxis jedoch nur schwer darzulegen und zu beweisen. Ein **Mietwucher** kommt erst dann in Betracht, wenn die ortsübliche Miete um 50 % überschritten wird.

Die Mietpreisgrenze in angespannten Wohnungsmärkten

Seit Juni 2015 setzen die Regelungen zur sog. Mietpreisgrenze Grenzen bei der zulässigen Miethöhe bei Mietbeginn. Die Landesregierungen können durch Rechtsverordnung Gebiete mit einem angespannten Wohnungsmarkt für die Dauer von höchstens 5 Jahren festlegen. Bei der Wiedervermietung von Bestandswohnungen darf dort die Miete die ortsübliche Vergleichsmiete um maximal 10 % überschreiten.

Definition angespannter Wohnungsmarkt
Gebiete mit angespannten Wohnungsmärkten liegen vor, wenn die ausreichende Versorgung der Bevölkerung mit Mietwohnungen in einer Gemeinde oder einem Teil der Gemeinde zu angemessenen Bedingungen besonders gefährdet ist.

Kriterien sind beispielsweise:

* *überdurchschnittlicher Mietenanstieg*
* *überdurchschnittliche Mietbelastung der Haushalte*
* *wachsende Wohnbevölkerung ohne ausreichende Neubautätigkeit oder*
* *geringer Leerstand bei großer Nachfrage*

Mittlerweile sind auf diese Weise hunderte von Gemeinden in Deutschland mit angespannten Wohnungsmärkten bestimmt worden. In der Regel sind dies die Großstädte und deren (größere) Umlandgemeinden.

Regelungen zur **Mietpreisbremse** sind in 13 Bundesländern eingeführt worden. Nur im Saarland, in Sachsen und Sachsen-Anhalt gilt keine Mietpreisbremse. Insgesamt sind 315 Gemeinden mit angespanntem Wohnungsmarkt bestimmt worden. In den Stadtstaaten Bremen (ohne Bremerhaven), Hamburg und Berlin ist jeweils das gesamte Gebiet betroffen.

Teilweise sind die Landesregierungen der Verpflichtung zur Begründung der jeweiligen Verordnung nicht nachgekommen, etwa weil die Begründung nicht veröffentlicht wurde oder weil diese nicht ausreichend ist und nur formelhafte Ausführungen enthält. Nach Auffassung mehrerer Gerichte liegen daher in einigen Bundesländern (Hessen, Brandenburg, Bayern, Hamburg, Baden-Württemberg, Nordrhein-Westfalen) derzeit keine wirksamen Verordnungen vor, so dass dort bis zur Veröffentlichung einer Verordnung mit ausreichender Begründung die Mietpreisbremse nicht gilt. In Schleswig-Holstein soll die Mietpreisbremse zum 30.11.2019 vorzeitig abgeschafft werden.

Gerichtliche Entscheidungen zur Unwirksamkeit der Mietpreisbremse:

- LG Frankfurt a. M. Urt. v. 27.3.2018 – 2-11 S 183/17 (Begründung: Verordnung nicht ordnungsgemäß veröffentlicht; neue Verordnung im Laufe des Jahres 2019 erwartet)

- Brandenburg: AG Potsdam Urt. v. 27.9.2018 – 23 C 93/17 (Begründung: Verordnung nicht ordnungsgemäß veröffentlicht)

- Bayern: LG München I Urt. v. 6.12.2017 – 14 S 10058/17 (Verordnung nicht ordnungsgemäß begründet; neue Verordnung im Laufe des Jahres 2019 angekündigt)

- Hamburg: LG Hamburg Urt. v. 14.6.2018 – 333 S 28/17 (ursprüngliche Verordnung war wegen fehlender ordnungsgemäßer Begründung nicht auf Mietverhältnisse ab 1.7.2015 anwendbar; im Nachgang wurde eine Begründung am 1.9.2017 neu veröffentlicht und am 3.7.2018 eine neue Verordnung erlassen)

- Baden-Württemberg: LG Stuttgart Urt. v. 13.3.2019 – 13 S 181/18 (Begründung nicht veröffentlicht, Erlass einer neuen Verordnung angekündigt)

- Nordrhein-Westfalen; AG Köln Urt. v. 15.2.2019 – 208 C 188/18 (Begründung: Verordnung nicht ordnungsgemäß veröffentlicht; lt. Koalitionsvertrag soll Mietpreisbremse wieder abgeschafft werden)

Fälle, in denen die Mietpreisbremse nicht gilt:

Zudem ist in einigen Konstellationen die Mietpreisbremse ohnehin nicht anwendbar. Dies ist etwa der Fall, wenn

- die Vormiete über der nach der Mietpreisbremse an sich zulässigen Miete lag

- es sich um die erste Vermietung nach umfassender Modernisierung handelt (§ 556f S. 2 BGB)

- es sich bei der Vermietung gleichzeitig um die erstmalige Nutzung und Vermietung nach dem 1.10.2014 handelt (§ 556f S. 1 BGB, sog. Neubau).

Außerdem kann die zulässige Miethöhe um den Betrag überschritten werden, der nach einer in den letzten 3 Jahren durchgeführten **Modernisierung** als Mieterhöhung zulässig wäre (§ 556e Abs. 2 BGB). Dies sind seit 1.1.2019 pro Jahr 8 % der auf die Wohnung entfallenden Kosten der Modernisierung.

Will sich der Vermieter auf eine der genannten Ausnahmen berufen und eine höhere Miete vereinbaren, muss er dem Mieter vor Abschluss des Mietvertrages unaufgefordert Auskunft erteilen. Fehlt eine solche Auskunft, kann sie nachgeholt werden; die höhere Miete kann dann aber erst 2 Jahre später verlangt werden.

Verstoß gegen die Mietpreisbremse

Verlangt der Vermieter eine höhere Miete als nach der Mietpreisbremse zulässig, ist der Mieter nur zur Zahlung einer Miete in der zulässigen Höhe verpflichtet.

> **Beispiel**
>
> *Ortsübliche Vergleichsmiete 500 EUR plus 10 % = 550 EUR.*
>
> *Zu dieser Miete wird ein etwaiger Modernisierungszuschlag hinzugerechnet:*
>
> *Aufgewendete Kosten für die Wohnung 6.000 EUR, davon 8 % = 480 EUR jährliche Umlage. Modernisierungszuschlag pro Monat davon 1/12 = 40 EUR*
>
> *Zulässige Miete: 590 EUR.*
>
> *Werden im Mietvertrag aber 650 EUR als Miethöhe vereinbart, muss der Mieter nur die zulässige Miete an den Vermieter zahlen.*

Hat der Mieter bereits die überhöhte Miete bezahlt, ist der Vermieter zur Rückerstattung des zu viel gezahlten Betrags verpflichtet. Voraussetzung für eine Rückforderung ist aber eine Rüge des Mieters wegen des Verstoßes gegen die Mietpreisbremse.

Überhöhte Mietbeträge, die vor Erteilung der Rüge gezahlt wurden, können nicht zurückgefordert werden.

Vereinbarungen zur Mietanpassung

Auch für die Dauer des Mietverhältnisses können Vermieter und Mieter bereits im Mietvertrag Vereinbarungen zur Mietanpassung treffen. Der Vermieter kann unter gewissen Umständen die Miete auch einseitig erhöhen:

Vergleichsmiete

Haben die Parteien im Mietvertrag keine besonderen Vereinbarungen getroffen, kann der Vermieter, nachdem die Miete jeweils ein Jahr unverändert war, eine Erhöhung der Miete auf die ortsübliche Vergleichsmiete verlangen (siehe dazu näher S. 69 ff. Mieterhöhung durch den Vermieter).

Staffelmiete

Die Parteien können schon im Mietvertrag (oder auch gesondert) vereinbaren, dass sich die Miete zu bestimmten Zeitpunkten um einen bestimmten Betrag erhöht (sog. Staffelmietvereinbarung, § 557a BGB).

Die jeweilige Erhöhung muss betragsmäßig ausgewiesen sein. Es reicht nicht aus, lediglich die Erhöhungsquote (Prozentsatz der Steigerung) auszuweisen. Dies würde zur Unwirksamkeit der Vereinbarung führen.

> *Beispiel*
> *„Die Miete beträgt zu Beginn des Mietverhältnisses (1.1.2019) 500 EUR.*
>
> *Sie erhöht sich ab dem 1.1.2020 und ab dem 1. Januar eines jeden weiteren Jahres um jeweils 25 EUR."*

> *alternativ:*
>
> *„… Die Miete beträgt ab 1.1.2020: 525 EUR, ab 1.1.2021: 550 EUR, ab 1.1.2022: 575 EUR."*

Das Gesetz trifft keine Vorgaben zur Höhe der einzelnen Staffeln; diese können auch unterschiedlich hoch ausfallen. Die Miete muss aber jeweils ein Jahr unverändert bleiben. Der Zeitraum darf nur länger sein. Die Zeiträume der einzelnen Staffeln können auch von unterschiedlicher Länge sein. Die Parteien können frei vereinbaren, wie lange die Staffelmietvereinbarung gelten soll. Grenzen hinsichtlich der Höhe und der Dauer setzen lediglich die Vorschriften zur Mietpreisüberhöhung (§ 5 WiStG) oder Mietwucher (§ 138 Abs. 2 BGB, § 291 StGB).

Es ist zulässig, für die Dauer einer Staffelmietvereinbarung, längstens für 4 Jahre seit Abschluss der Staffelmietvereinbarung, einen Kündigungsausschluss zu vereinbaren.

Die einzelnen Mieterhöhungen im Rahmen der Staffelmietvereinbarung werden zum jeweiligen Zeitpunkt automatisch wirksam, so dass der Vermieter keine weiteren Erklärungen abgeben muss. Solange die Staffelmietvereinbarung gilt, sind Erhöhungen der Miete nach dem Vergleichsmietensystem (§ 558 BGB) oder aufgrund einer Modernisierung (§ 559 BGB, hierzu siehe S. 79 ff. Modernisierungsmaßnahmen) ausgeschlossen. Möglich bleibt während der Dauer der Staffelmietvereinbarung allerdings die Geltendmachung erhöhter Betriebskosten nach § 560 BGB.

Nach dem Wirksamwerden der letzten Staffel ist es wieder möglich, Mieterhöhungen nach dem Vergleichsmietensystem (§ 558 BGB) nach Ablauf einer einjährigen Wartefrist (§ 558 Abs. 1 S. 2 BGB) vorzunehmen.

Indexmiete

Die Mietvertragsparteien können gemäß § 557b Abs. 1 BGB schriftlich vereinbaren, dass die Miete durch den vom Statistischen Bundesamt ermittelten Preisindex für die Lebenshaltung aller privaten Haushalte in Deutschland bestimmt wird. Die Miete folgt damit der Inflationsrate. Eine Bezugnahme auf andere Preisindizes ist bei Wohnraummietverhältnissen nicht zulässig. Das Statistische Bundesamt führt diesen Index mittlerweile als Verbraucherpreisindex für Deutschland (VPI).

Die vorgeschriebene Schriftform soll die Parteien vor unüberlegten langfristigen Festlegungen schützen. Möglich ist die Vereinbarung auch in einer gesonderten Urkunde neben dem Mietvertrag, die auf den Vertrag Bezug nimmt. Eine feste körperliche Verbindung mit dem Mietvertrag ist nicht erforderlich.

Die Mieterhöhung tritt bei einer Indexvereinbarung anders als bei der Staffelmiete nicht automatisch ein. Erforderlich ist zusätzlich eine Erklärung zur Geltendmachung der erhöhten Miete in Textform.

Die Miete muss mindestens ein Jahr unverändert bleiben, bevor eine Anpassung aufgrund gestiegener Preise erfolgen darf. Anderweitige Mieterhöhungen sind ausgeschlossen. Möglich bleiben aber Erhöhungen nach § 560 BGB wegen gestiegener Betriebskosten und bei Modernisierungen, allerdings (nur) für Maßnahmen, die der Vermieter nicht zu vertreten hat, z. B., weil sie gesetzlich vorgeschrieben wurden.

Das **Anpassungsschreiben** muss folgende Angaben enthalten:

• Stand des Preisindexes zum Zeitpunkt der letzten Anpassung bzw. bei Mietbeginn

- Stand des aktuellen, zuletzt veröffentlichten Preisindex
- Differenz zwischen zwei Indexpunktwerten: Umrechnung in einen Prozentwert
- Betrag der Ausgangsmiete, die erhöht werden soll
- Berechnung der neuen Miete oder des Erhöhungsbetrages in EUR.

Die Miete erhöht sich aufgrund einer solchen Anpassungserklärung zum Beginn des übernächsten Monats.

> *Beispiel*
> *Zugang der Anpassungserklärung bis zum 30.9. Erhöhung der Miete ab 1.11.*

Grundsätzlich wirkt eine Erhöhung nur für die Zukunft. Versäumt der Vermieter eine Erhöhung zum erstmöglichen Termin, dann verliert er die mögliche Mieterhöhung bis zu dem Zeitpunkt, zu dem nach einer wirksamen Erhöhungserklärung die erhöhte Miete verlangt werden kann.

In Gebieten, in denen die sog. Mietpreisbremse (vgl. hierzu S. 23 ff. Zulässige Miethöhe) gilt, muss nur die vereinbarte Ausgangsmiete die gesetzlichen Grenzen einhalten. Für die weiteren erhöhten Mieten auf Grundlage von Veränderungen des Preisindex gilt die Mietpreisbremse nicht (§ 557b Abs. 4 BGB).

Mietsicherheiten

Üblicherweise wird im Mietvertrag zur Absicherung des Vermieters die Stellung einer sog. Mietsicherheit vereinbart. Die Sicherheit kann sich grundsätzlich auf alle Verpflichtungen des Mieters aus dem Mietverhältnis beziehen (BGH Urt.

v. 18.1.2006 – VIII ZR 71/05). Nach § 9 Abs. 5 WOBINDG ist hingegen bei preisgebundenem Wohnraum der Sicherungs- zweck auf Ansprüche des Vermieters wegen unterlassener Schönheitsreparaturen und/oder aus Schäden an der Woh- nung beschränkt. Die in der Praxis wohl häufigste Form der Mietsicherheit ist die sog. Mietkaution.

Mietkaution

Das Bürgerliche Gesetzbuch sieht eine Mietkaution nicht zwingend vor. Für den Fall jedoch, dass eine solche Miet- kaution zwischen Vermieter und Mieter vereinbart wird, hat der Gesetzgeber mieterschützende Regelungen getroffen. Der Vermieter kann eine Kaution also nur dann verlangen, wenn dies im Mietvertrag ausdrücklich vereinbart wurde. Eine gesetzliche Verpflichtung des Mieters zur Sicherheits- leistung besteht nicht.

Zulässige Höhe und Fälligkeit der Mietkaution

Zum Schutz des Mieters hat der Gesetzgeber in § 551 Abs. 1 BGB Vorgaben zur maximalen Höhe der Mietkaution ge- macht. Danach darf die Kaution maximal das „Dreifache der auf einen Monat entfallenden Miete ohne die als Pauschale oder als Vorauszahlung ausgewiesenen Betriebskosten be- tragen".

Dies bedeutet, dass der Berechnung der maximal zulässigen Kaution die sog. **Kaltmiete** – oder auch Nettomiete ge- nannt – zugrunde zu legen ist. Die vereinbarte Betriebskos- tenvorauszahlung bzw. -pauschale bleibt für die Berechnung der vom Mieter zu leistenden Kaution also außer Betracht.

Beispiel

Beträgt die Kaltmiete für eine Wohnung 750 EUR und die Nebenkostenvorauszahlung 250 EUR, kann eine Mietkaution von maximal 2.250 EUR vereinbart werden (3 x 750 EUR). Ist im Mietvertrag eine höhere Mietkaution als die gesetzlich zulässige – hier beispielsweise 3.000 EUR – vorgesehen worden, führt dies nach der Rechtsprechung des BGH allerdings nicht zur Nichtigkeit der Kautionsabrede insgesamt. Vielmehr bleibt die Kautionsvereinbarung in der nach dem Gesetz zulässigen Höhe – im Beispiel also in Höhe von 2.250 EUR – wirksam (BGH Urt. v. 3.12.2003 – VIII ZR 86/03).

Der Mieter könnte also ggf. einen etwaig überzahlten Teil vom Vermieter auch zurückfordern. Der BGH begründet seine Entscheidung, eine überhöhte Kautionsvereinbarung nicht gänzlich als unzulässig zu verwerfen, im Wesentlichen damit, dass ein Mieter in der Regel nicht erwarten könne, dass sich ein Vermieter zur Überlassung einer Wohnung ohne Stellung einer Mietsicherheit bereit erkläre; zudem würden bei einer anderen Bewertung die berechtigten Interessen des Vermieters an einer Sicherheit gänzlich außer Acht gelassen.

Der Mieter ist im Falle der Vereinbarung einer Barkaution berechtigt, die Kaution in 3 Raten zu zahlen. Dies folgt aus § 551 Abs. 2 BGB. Dabei muss die erste Rate spätestens bei Beginn des Mietverhältnisses gezahlt werden. Die beiden weiteren Raten sind jeweils mit den unmittelbar folgenden Mietzahlungen fällig. Spätestens zu Beginn des 3. Monats eines Mietverhältnisses ist in der Regel damit die Mietkaution vollständig zu erbringen.

Zahlt der Mieter trotz entsprechender Vereinbarung die Mietkaution nicht bzw. nicht vollständig, kann dem Vermieter ggf. gemäß § 569 Abs. 2a BGB ein Recht zur Kündigung des Mietvertrages zustehen. Dies setzt aber voraus, dass der Mieter mit der Zahlung der Kaution in Höhe eines Betrags in Verzug ist, der der 2-fachen Monatsmiete entspricht.

Verzinsungspflicht des Vermieters

Der Vermieter ist nach dem Gesetz verpflichtet, eine erhaltene Mietkaution bei einem Kreditinstitut zu dem für Spareinlagen mit 3-monatiger Kündigungsfrist üblichen Zinssatz und (gemäß § 551 Abs. 2 S. 3 BGB) getrennt von seinem Vermögen anzulegen. Der Vermieter kann dabei frei entscheiden, bei welchem Kreditinstitut er die Mietkaution anlegt. Die Anlage erfolgt üblicherweise als **Sparguthaben**, dies ist jedoch gemäß § 551 Abs. 3 S. 1 BGB nicht zwingend. Erforderlich ist es jedoch, dass der Zinssatz dem eines Sparkontos mit 3-monatiger Kündigungsfrist entspricht. Die anfallenden Zinsen sind steuerpflichtig, so dass der Vermieter verpflichtet ist, die von der Bank ausgestellte Steuerbescheinigung dem Mieter zukommen zu lassen.

Kommt der Vermieter der Verpflichtung zur Anlage des erhaltenen Kautionsbetrages nicht nach, steht dem Mieter in der Regel ein Anspruch auf Schadensersatz in Höhe des eingetretenen Zinsverlustes zu. Aufgrund der aktuellen Niedrigzinsphase und seit Mitte 2017 damit einhergehenden Sparzinssätzen von durchschnittlich unter 0,2 % p. a. dürften allerdings nur bei lang laufenden Mietverträgen relevante Beträge erreicht werden.

Zugriff auf die Mietkaution

Während der Dauer des Mietverhältnisses darf der Vermieter auf diese Sicherheit nur zugreifen, wenn ein Anspruch gegen den Mieter gerichtlich festgestellt wurde. Gleiches gilt, wenn der Mieter den durch den Vermieter geltend gemachten Anspruch nicht bestreitet oder dieser offensichtlich besteht (BGH Urt. v. 7.5.2014 – VIII ZR 234/13). Solange der Anspruch streitig ist, darf der Vermieter sich nicht aus der geleisteten Kaution befriedigen.

> **Hinweis**
>
> Nur aufgrund gerichtlich festgestellter oder vom Mieter nicht bestrittener bzw. offensichtlich begründeter Forderungen darf der Vermieter während der Mietzeit auf die Kaution zugreifen!

Hat der Vermieter berechtigterweise auf das Kautionsguthaben zugegriffen, ist der Mieter auch ohne eine entsprechende vertragliche Regelung zur **Wiederauffüllung** der Kaution bis zur gesetzlichen Höhe von 3 Monatsmieten bzw. der im Vertrag ggf. vereinbarten geringeren Höhe verpflichtet.

Der Mieter selbst kann während der Dauer des Mietverhältnisses nicht über die Kaution verfügen. Der Anspruch auf **Rückzahlung der Mietkaution** wird erst fällig, nachdem der Mieter die Wohnung nach Beendigung des Mietverhältnisses dem Vermieter wieder zurückgegeben hat und der Vermieter hinreichend Gelegenheit hatte, das Bestehen bzw. Nichtbestehen eines Anspruchs gegen den Mieter zu prüfen. Ihm ist insoweit eine angemessene Zeitspanne, in der Regel zwischen 3 und 6 Monaten zwischen Rückgabe der Mietsache und Rückzahlung der Kaution zuzugestehen. (im Einzelnen hierzu siehe S. 121 Rückzahlung der Kaution).

Folgen eines Eigentümerwechsels für die Mietkaution

Im Falle eines Eigentümerwechsels während der Mietzeit tritt der Erwerber der Immobilie grundsätzlich in die Rechte und Pflichten des vorherigen Eigentümers ein. So erlangt der Erwerber gemäß § 566a BGB die Rechte an der vom Mieter gestellten Sicherheit. Für die Mietkaution bedeutet dies, dass der Erwerber der vermieteten Immobilie kraft Gesetzes Inhaber des Treuhandkontos bei der Bank und Eigentümer eines ggf. vorhandenen Sparbuchs wird. Er kann ein Sparbuch vom bisherigen Eigentümer herausverlangen. Verfügt der bisherige Eigentümer über mehrere Wohnimmobilien, die er vermietet hat, und hat er für sämtliche geleistete Kautionszahlungen aller Mieter ein sog. Sammelkonto bei einer Bank einrichten lassen, geht auf den Erwerber der Anspruch auf Auszahlung eines entsprechenden Teilguthabens gegen die Bank über.

Zu beachten ist, dass der bisherige Vermieter für den Fall, dass der Mieter bei Beendigung des Mietverhältnisses die Kaution vom Erwerber der Wohnung nicht erlangen kann, gemäß § 566a S. 2 BGB weiterhin zur Rückgewähr verpflichtet ist. Der Mieter muss jedoch, bevor er den früheren Vermieter in Anspruch nehmen kann, zumutbare Anstrengungen unternommen haben, die Mietsicherheit von dem Erwerber zurückzuerlangen. Dazu muss der Mieter darlegen und beweisen, dass beim Erwerber keine Rückzahlung der Kaution zu erlangen ist. Hierzu ist es aber nicht notwendig, dass der Mieter den Erwerber gerichtlich in Anspruch genommen hat. Ausreichend ist vielmehr beispielsweise der Nachweis durch den Mieter, dass über das Vermögen des Vermieters das Insolvenzverfahren eröffnet oder ein Vermieterkonto gepfändet wurde (BGH Urt. v. 23.1.2013 – VIII ZR 143/12).

Andere Arten der Mietsicherheit

Die Sicherheitsleistung kann nicht nur durch Überlassung eines Geldbetrages, also als sog. **Barkaution** erbracht werden, sondern auch auf jede andere Weise. In der Praxis wird neben der Barkaution häufig das Stellen einer **Bürgschaft** oder die Einräumung eines **Pfandrechts** (z. B. durch Verpfändung eines Sparbuchs des Mieters) vertraglich vereinbart. Weitere Arten der Sicherheitsleistung, beispielsweise eine Hinterlegung von Wertpapieren oder die Sicherungsübereignung von Wertgegenständen, wären ebenfalls möglich, haben in der Praxis aber keine Bedeutung.

Die Mietkautionsbürgschaft

Bei einer sog. Mietkautionsbürgschaft handelt es sich letztlich um eine Bürgschaft im Sinne des Bürgerlichen Gesetzbuchs (BGB), deren Zweck darin besteht, etwaige Forderungen des Vermieters abzusichern.

Definition Bürgschaft
Unter einer Bürgschaft versteht das Gesetz grundsätzlich einen Schuldvertrag, in welchem sich der Bürge gegenüber dem Gläubiger eines Dritten verpflichtet, für die Erfüllung einer Verbindlichkeit des Dritten einzustehen (§ 765 Abs. 1 BGB).

Im Fall einer sog. Mietkautionsbürgschaft bedeutet dies, dass ein Dritter – in der Regel eine Bank oder Sparkasse – sich für etwaige Forderungen des Vermieters (des sog. Gläubigers) maximal in Höhe der gesetzlich zulässigen Kautionshöhe verbürgt und im Falle, dass der Mieter Forderungen des Vermieters nicht erfüllt, die bestehende Schuld begleicht.

Für eine Mietkautionsbürgschaft gelten die zur Barkaution geschilderten Grundsätze entsprechend, also beispielsweise die Regelung zur zulässigen Höhe der Bürgschaft, zu deren Fälligkeit und die Frage der Zulässigkeit des Zugriffs auf die Sicherheit – hier also der Inanspruchnahme des Bürgen.

Die Bürgschaftserklärung erfasst grundsätzlich alle Forderungen aus dem Mietverhältnis. Wurde im Mietvertrag das Stellen einer sog. **Bürgschaft auf erstes Anfordern** vereinbart, muss der Bürge bereits leisten, wenn der Vermieter die Zahlung nur anfordert. Der Vermieter ist bei einer solchen Bürgschaft nicht einmal zu einer schlüssigen Darlegung seines Anspruchs verpflichtet, sondern muss dem Bürgen gegenüber lediglich behaupten, dass ein Anspruch besteht (BGH Urt. v. 28.10.1993 – IX ZR 141/93). Nach herrschender Meinung dürfte aufgrund dieser weitreichenden Rechte des Vermieters bei Wohnraummietverträgen die Verpflichtung des Mieters in AGB, eine Bürgschaft auf erstes Anfordern beizubringen, unwirksam sein. Es dürfte sich hierbei um eine sog. überraschende Klausel handeln, die gemäß § 305c Abs. 1 BGB unwirksam ist.

Wird die Bürgschaftserklärung nicht von einer Bank, sondern von einer Privatperson abgegeben, muss diese gemäß § 766 BGB die Schriftform (§ 126 BGB) wahren, um wirksam zu sein.

Verpfändung eines Sparbuchs und Abtretung einer Sparforderung als Sicherheitsleistung

Weitere Alternativen zur Barkaution sind die Verpfändung eines Sparbuchs oder die Abtretung einer Sparforderung des Mieters.

Bei der **Verpfändung** eines Sparbuchs zahlt der Mieter in der Regel einen Betrag in Höhe der Mietkaution auf einem Sparbuch ein, das auf seinen Namen ausgestellt ist. Im Nachgang verpfändet er das Recht auf die Sparforderung an den Vermieter. Dabei müssen Mieter und Vermieter sich einig sein, dass ein sog. dingliches Pfandrecht begründet werden soll; ferner muss der Mieter dem kontoführenden Kreditinstitut die Verpfändung anzeigen. Der Bank muss mitgeteilt werden, dass die Verpfändung stattgefunden hat und wer der Pfandgläubiger ist. Die Bank versieht das Sparbuch dann in der Regel mit einem sog. **Sperrvermerk** zugunsten des Vermieters.

Eine **Sicherungsabtretung** eines Guthabens auf einem Sparkonto des Mieters gemäß §§ 398 ff. BGB ist auch dann wirksam, wenn sie dem Kreditinstitut nicht angezeigt wird. Erforderlich ist lediglich, dass sich Mieter und Vermieter über die Abtretung der Sparforderung als solcher und darüber, dass die Sparforderung zur Sicherheit für die Erfüllung der Verbindlichkeiten aus dem Mietvertrag dem Vermieter zustehen soll, geeinigt haben. In der Regel wird die Sicherungsabtretung durch schlüssiges Handeln vereinbart, in dem der Mieter dem Vermieter ein auf seinen Namen ausgestelltes Sparbuch übergibt. Der Vermieter kann – sofern er in Besitz des Sparbuchs ist – auch ohne weitere Einwilligung des Mieters über die Sparforderung verfügen.

Zusätzliche Sicherheiten

Von der Begrenzung der Mietsicherheit auf 3 Monatsmieten (netto) kann gemäß § 551 Abs. 4 BGB nicht zulasten des Mieters durch vertragliche Vereinbarung abgewichen werden. Auch wenn verschiedene Sicherheiten gestellt werden (beispielsweise eine Barkaution und eine Bürgschaft), sind diese der Höhe nach auf den Höchstbetrag begrenzt.

Anders liegt aber der Fall, wenn beispielsweise ein Bürge von sich aus unaufgefordert dem Vermieter eine zusätzliche Bürgschaft anbietet. Dies kann erfolgen, um ein Mietverhältnis mit einem weniger zahlungsfähigen Mieter erst zu ermöglichen.

> *Beispiel*
> *In einem vom BGH entschiedenen Fall war der Abschluss eines Mietvertrages zunächst gescheitert, weil der Mieter nicht nachweisen konnte, dass er die Miete aufbringen konnte. Daraufhin hatte der Vater des Mietinteressenten dem Vermieter von sich aus – neben der durch den Mieter zu leistenden Kaution – eine Bürgschaft angeboten, um den Vertragsschluss doch noch zu ermöglichen. Nach Ansicht des BGH war die Abgabe dieser Bürgschaftserklärung des Vaters als wirksam anzusehen, da mit dieser Bürgschaft erkennbar keine besonderen Belastungen für den Mieter verbunden waren (BGH Urt. v. 7.6.1990 – IX ZR 16/90).*

Gleiches gilt nach der Rechtsprechung des BGH, wenn ein Dritter zur Abwendung einer drohenden Kündigung des Mietvertrags wegen Zahlungsverzugs des Mieters freiwillig eine Bürgschaft stellt (BGH Urt. v. 10.4.2013 – VIII ZR 379/12).

Kommt es im Laufe des Mietverhältnisses zu einer Mieterhöhung, ist eine Anpassung der Sicherheitsleistung nur durch eine Einigung zwischen den Mietvertragsparteien möglich. Hier ist jedoch ebenfalls die genannte Höchstgrenze des § 551 Abs. 1 BGB zu beachten. Einen Anspruch auf eine Aufstockung der Sicherheitsleistung hat der Vermieter indes nicht.

Mietobjekt: Beschreibung und Zustand bei Vertragsschluss

Im Mietvertrag sollte zur beiderseitigen Rechtssicherheit das Mietobjekt genau beschrieben sein. Dazu gehört u. a. Größe, Anzahl und Art der einzelnen Räume sowie deren Ausstattung.

Waren bereits bei der Wohnungsbesichtigung **Mängel** ersichtlich und hat sich der Vermieter im Rahmen der Verhandlungsgespräche verpflichtet, diese zu beseitigen, sollte dies ebenfalls unbedingt im Mietvertrag schriftlich dokumentiert werden. Anderenfalls läuft der Mieter Gefahr, Mängelrechte zu verlieren. Denn gemäß § 536b Abs. 1 S. 1 BGB ist ein Mieter, der bei Abschluss des Vertrages Mängel der Mietsache positiv kennt, nach § 536 BGB später nicht berechtigt, die Miete aufgrund dieser Mängel zu mindern oder nach § 536a BGB Schadensersatz oder Ersatz von eigenen Aufwendungen für die Beseitigung dieser Mängel zu verlangen. Gleiches gilt, wenn dem Mieter ein Mangel aufgrund grober Fahrlässigkeit unbekannt geblieben ist, es sei denn der Vermieter hat den Mangel arglistig verschwiegen (§ 536a Abs. 1 S. 2 BGB).

Kein Ausschluss der Mängelrechte droht jedoch, wenn der Mieter bei bzw. nach der Wohnungsbesichtigung nur den Verdacht hat, dass ein Mangel der Mietsache vorliegen könnte. Nur das Wissen um das äußere Erscheinungsbild eines Mangels genügt nach der Rechtsprechung insoweit nicht, solange der Mieter nicht auch die Ursachen und die konkreten Auswirkungen des Mangels auf die Gebrauchstauglichkeit der Mietsache kennt.

Für den Mieter bedeutet dies, dass er – sofern ihm Mängel der Mietsache bereits bei Abschluss des Mietvertrags bekannt geworden sind – diese in jedem Fall im Mietvertrag vermerken und deren Beseitigung vertraglich vereinbaren sollte. Andernfalls gilt der Zustand der Wohnung in Anbetracht dieser – dem Mieter von Anfang an bekannten Mängel – als vertragsgemäß und Mängelrechte bestehen nicht mehr.

> **Hinweis**
>
> Sind dem Mieter bereits bei der Wohnungsbesichtigung Mängel der Mietsache aufgefallen, ist im Rahmen des Abschlusses des Mietvertrags darauf zu achten, dass diese Mängel konkret im Mietvertrag bezeichnet werden und der Vermieter sich im Mietvertrag zu deren zeitnaher Beseitigung verpflichtet. Möglichst sollte eine Beseitigung der Mängel noch vor dem Einzugstermin vertraglich vereinbart werden.

Besonders wichtig bei Abschluss des Mietvertrags ist die Aufnahme einer Klausel zur Dokumentation des Zustands des Mietobjekts bei Einzug mittels eines sog. **Übergabeprotokolls** (siehe dazu auch S. 51 ff.). Regelmäßig wird in einem Vertrag, den üblicherweise der Vermieter vorlegt, eine Klausel aufgenommen sein, die wie folgt lauten könnte:

> *„Vor der Übergabe des Mietgegenstandes werden die Parteien eine gemeinsame Begehung durchführen, über deren Inhalt und Verlauf ein von beiden Parteien zu unterzeichnendes Übergabeprotokoll erstellt wird. Mit Ausnahme der im Übergabeprotokoll ggf. aufgeführten Mängel anerkennt der Mieter den Mietgegenstand als vertragsgemäß."*

In dem vor Einzug anzufertigenden Übergabeprotokoll erklärt der Mieter sodann üblicherweise, dass bei einer gemeinsamen Besichtigung der vermieteten Immobilie festgestellt worden ist, dass sich die Wohnung, mit Ausnahme der im Protokoll näher bezeichneten Beanstandungen, im ordnungsgemäßen Zustand befindet, also vertragsgemäß ist.

Erkennt der Mieter die Wohnung insoweit als vertragsgemäß an, als es im Übergabeprotokoll keine anderweitigen Vermerke zu Mängeln gibt, handelt es sich hierbei rechtlich betrachtet um ein sog. negatives Schuldanerkenntnis. Dies bedeutet, dass der Mieter rechtlich zugestanden hat, dass bei Einzug keine weiteren als die im Übergabeprotokoll genannten Mängel vorhanden waren.

Rechte wegen bereits bei Übergabe vorhandener Mängel kann der Mieter gemäß § 536b S. 3 BGB dann nur noch geltend machen, wenn er sich diese nachweislich vorbehalten hat (hierzu siehe S. 57 ff. Rechte bei Mängeln des Mietobjekts).

Übernahme von Instandhaltungen

Der Vermieter hat nach dem Gesetz die Mietsache dem Mieter *„in einem zum vertragsgemäßen Gebrauch geeigneten Zustand zu überlassen und sie während der Mietzeit in diesem Zustand zu erhalten"* (§ 535 Abs. 1 S. 2 BGB). Dies bedeutet, dass der Vermieter auch zu Instandhaltungsmaßnahmen verpflichtet ist. Der Begriff Instandhaltung meint in erster Linie die Erhaltung und Wiederherstellung des vertragsgemäßen Zustandes des Mietobjekts. Der Vermieter hat also die während der Mietzeit notwendigen Erhaltungs- und Reparaturarbeiten vorzunehmen.

Schönheitsreparaturen

Die Instandhaltungspflicht des Vermieters erfasst auch die zur Beseitigung der normalen Abnutzung der Mietsache erforderlichen Schönheitsreparaturen. Diese sind grundsätzlich vom Vermieter selbst durchzuführen. Der Mieter hingegen muss die Wohnung bei Rückgabe nur besenrein zurückgeben. Die Rechtsprechung versteht unter dem Begriff besenrein, dass grobe Verschmutzungen beseitigt werden müssen.

Definition Schönheitsreparaturen
Schönheitsreparaturen umfassen regelmäßig das Tapezieren, Anstreichen oder Kalken der Wände und Decken, das Streichen der Fußböden, Heizkörper einschließlich Heizrohre, der Innentüren sowie der Fenster und Außentüren von innen, soweit sich aus dem Mietvertrag nichts anderes ergibt. Nicht zu den Schönheitsreparaturen gehört das Abziehen der Parkettversiegelung und das Streichen der Fenster und der Wohnungseingangstüren von außen (BGH Urt. v. 13.1.2010 – VIII ZR 48/09).

Es ist anerkannt, dass der Vermieter diese Pflicht zur Vornahme von Schönheitsreparaturen vertraglich auch auf den Mieter überwälzen kann. Dies ist auch zulässig, wenn diese vertragliche Vereinbarung im Rahmen von Allgemeinen Geschäftsbedingungen erfolgt, die der Vermieter dem Mieter bei Vertragsschluss einseitig stellt und die er mit diesem nicht im Einzelnen aushandelt (BGH Urt. v. 9.6.2010 – VIII ZR 294/09).

In den vergangenen Jahren waren Klauseln zu Schönheitsreparaturen in Allgemeinen Geschäftsbedingungen immer wieder Gegenstand gerichtlicher Entscheidungen. Im Wesentlichen haben sich in der Rechtsprechung hierzu folgende Grundsätze entwickelt:

Unzulässig und damit unwirksam sind solche Klauseln,

- wenn die Wohnung dem Mieter bei Vertragsbeginn ohne angemessenen Ausgleich unrenoviert oder renovierungsbedürftig überlassen wird; dies gilt auch, wenn der Mieter sich gegenüber dem Vormieter zur Vornahme von Renovierungsarbeiten verpflichtet hat und der Vermieter ihm keinen angemessenen Ausgleich – etwa in Form einer Reduktion der Miete für eine angemessene Dauer gewährt (BGH Urt. v. 22.8.2018 – VIII ZR 277/16);

- durch die dem Mieter die Ausführung von Schönheitsreparaturen in Eigenleistung untersagt wird (sog. Fachhandwerkerklauseln);

- die starre Fristen zur Vornahme von Schönheitsreparaturen, ohne Rücksicht auf die Intensität der Nutzung der Wohnung und die Verwendung langlebiger Renovierungsmaterialien vorsehen;

- die neben der Verpflichtung des Mieters zur Übernahme der Schönheitsreparaturen eine Endrenovierungspflicht unabhängig vom Zeitpunkt der letzten Schönheitsreparatur vorsieht (sog. Summierungseffekt);

- die eine Endrenovierungsklausel mit einer Farbvorgabe (z. B. weiß) enthält, wenn die Wohnung bei Mietbeginn nicht mit einem neuen weißen Anstrich übernommen wurde; begründet wird dies damit, dass eine solche Klausel einen kostenbewussten Mieter daran hindern könnte, während der Laufzeit des Mietverhältnisses in anderen Farben zu dekorieren.

Renovierungspflicht wegen Rauchens?

Rauchen in einer gemieteten Immobilie zählt auch heute noch zu einem regulären Gebrauch der Mietsache. Ein Mieter, der in einer gemieteten Wohnung raucht, verhält sich nicht vertragswidrig, auch wenn er hierdurch während der Mietdauer Ablagerungen verursacht (BGH Urt. v. 28.6.2006 – VIII ZR 124/05). Werden durch das Rauchen allerdings Verschlechterungen der Wohnung verursacht, die sich nicht mehr durch Schönheitsreparaturen beseitigen lassen, sondern darüberhinausgehende Instandsetzungsarbeiten erfordern, ist dies ein Schaden, der durch den Mieter zu ersetzen ist (BGH Urt. v. 5.3.2008 – VIII ZR 37/07).

Hinweis

Hat ein Mieter sich vertraglich zur Übernahme von Schönheitsreparaturen verpflichtet, stellt dies eine sog. einheitliche Rechtspflicht dar. Dies führt dazu, dass eine auch nur teilweise unwirksame Klausel zu Schönheitsreparaturen im Mietvertrag insgesamt unwirksam ist. In diesem Fall muss ein Mieter also gar keine Schönheitsreparaturen durchführen, sondern diese Pflicht fällt vollständig wieder dem Vermieter zu (BGH Urt. v. 13.1.2010 – VIII ZR 48/09).

Eine Klausel, die nach derzeitiger Rechtslage und Rechtsprechung wohl wirksam sein dürfte, könnte beispielsweise lauten:

„Der Mieter ist verpflichtet, die Schönheitsreparaturen in den Mieträumen auf seine Kosten, falls erforderlich, fachgerecht durchzuführen."

Kleinreparaturen

Auf den Wohnungsmieter können die Kosten für kleinere Instandhaltungen (Kleinreparaturen) nur unter engen Voraussetzungen im Mietvertrag umgelegt werden. Eine wirksame Vereinbarung muss

• die Maßnahmen gegenständlich begrenzen, also nur diejenigen Teile der Mietsache betreffen, die häufig dem Zugriff des Mieters ausgesetzt sind,

- eine Höchstgrenze für die Reparatur im Einzelfall und
- eine Höchstsumme der Reparaturen innerhalb eines bestimmten Zeitraums

enthalten.

Grundsätzlich sind nur Maßnahmen bis zum vereinbarten Höchstbetrag erfasst, d. h. bei aufwendigeren Maßnahmen, die über diesen Betrag hinausgehen, schuldet der Mieter keine Kostenbeteiligung. Als Höchstgrenze für Einzelreparaturen sieht die Rechtsprechung 75 EUR als angemessen an, wobei mittlerweile im Hinblick auf den zwischenzeitlich eingetretenen Kostenanstieg auch ein Betrag von 100 EUR nicht als unangemessen angesehen wird. Höchstgrenzen von 120 EUR oder höher sieht die Rechtsprechung aber regelmäßig als unwirksam an. Dies hat zur Folge, dass der Mieter bei einer solchen Kleinreparaturklausel im Mietvertrag dann gar keine Kosten zu tragen hat.

Der **jährliche Höchstbetrag** für sämtliche Maßnahmen ist auf bis zu 8 % der Jahresbruttomiete festzuschreiben.

Eine wirksame Klausel könnte beispielsweise lauten:

„Die Kosten für kleine Instandhaltungen, die während der Mietdauer erforderlich werden, trägt der Mieter. Die kleinen Instandhaltungen umfassen das Beheben von Schäden an den Installationsgegenständen für Elektro, Wasser und Gas, Heiz- und Kocheinrichtungen, Fenster- und Türverschlüssen sowie Verschlusseinrichtungen von Fensterläden innerhalb der Mietsache, die dem häufigen und direkten Zugriff des Mieters ausgesetzt sind.

Die Verpflichtung des Mieters ist begrenzt auf Kosten bis zu 100 EUR für eine Instandhaltungsmaßnahme, bei mehre-

ren Instandhaltungsmaßnahmen jedoch insgesamt auf eine Monatsnettokaltmiete ohne Betriebskosten und etwaige Zuschläge innerhalb von 12 Monaten."

Vor dem Einzug

Vor dem Einzug sollte der Mieter insbesondere darauf achten, dass die im Mietvertrag zugesagten Instandsetzungsarbeiten bzw. Schönheitsreparaturen auch rechtzeitig durchgeführt werden bzw. worden sind; die Wohnung also insoweit als vertragsgemäß anzusehen ist.

Übernahme der Wohnung, Mängelprotokoll

Bei Übernahme der Wohnung ist es sinnvoll, schriftlich ein sog. Mängelprotokoll (auch **Übergabeprotokoll** genannt) zu erstellen und dies von Vermieter und Mieter unterschreiben zu lassen.

Wichtig ist es insbesondere, dass in diesem Protokoll alle vorhandenen bzw. ersichtlichen Mängel exakt dokumentiert werden. Es bietet sich insoweit an, das Mietobjekt Raum für Raum durchzugehen und etwaige Mängel an Wänden, Decken, Böden, Fenstern, Türen oder mitvermieteten Einrichtungsgegenständen (z. B. Küchen, Wandschränken, Lampen etc.) genau zu dokumentieren. Das Anfertigen von Fotos, die dem Protokoll ggf. nachträglich noch beigefügt werden können, ist ratsam. Zudem sollten im Protokoll Ort und Datum der Begehung sowie die anwesenden Personen vermerkt werden.

Erscheint der Vermieter nicht selbst zur Wohnungsübergabe, sondern schickt er einen Verwalter oder Hausmeister, sollte der Mieter sich in jedem Fall eine entsprechende durch den

Vermieter ausgefertigte Vollmacht vorlegen bzw. aushändigen lassen.

Ferner sollten in dem Übergabeprotokoll auch die **Zählerstände** von Gas, Wasser und Strom sowie die Anzahl der überreichten Haus- bzw. Wohnungs- und ggf. Kellerschlüssel vermerkt werden. Für den Mieter empfiehlt es sich weiterhin, wenigstens eine zusätzliche Person als Zeugen zum Übergabetermin mitzunehmen. Dieser Zeuge sollte das Übergabeprotokoll ebenfalls unterzeichnen.

> **Tipp**
>
> Ein Muster für ein solches Übergabeprotokoll ist im Internet kostenlos unter www.mieterbund.de verfügbar.

Einbauten

Häufig sind die Wohnungen bei der Vermietung mit Einrichtungsgegenständen und Mobiliar ausgestattet. Hierzu gehören beispielsweise Küchen, Wandschränke oder Waschmaschinen, die der Vermieter allen Mietern zur Nutzung zur Verfügung stellt. Die Benutzung derartigen Zubehörs stellt den vertragsgemäßen Gebrauch der Mietsache dar. Irrelevant ist dabei, ob der Vermieter diese Ausstattungsgegenstände selbst in die Wohnung eingebracht hat oder ob es sich um vom Vormieter zurückgelassene Sachen handelt, die der Vermieter in der Wohnung belassen und diese in diesem Zustand weitervermietet hat. Der Mieter darf die mitvermieteten Gegenstände und Einbauten grundsätzlich nicht ohne Einwilligung des Vermieters entfernen und durch neue ersetzen.

Treten im Laufe der Mietzeit Mängel an solchen mitgemieteten Sachen auf, sind diese durch den Vermieter zu beseitigen (hierzu siehe S. 57 ff. Rechte bei Mängeln des Mietobjekts).

Handelt es sich bei in einer Wohnung befindlichen Sachen um Einrichtungsgegenstände, die der Vormieter zurückgelassen hat, ist zu beachten, dass dieser gemäß § 539 Abs. 2 BGB grundsätzlich berechtigt ist, solche sog. Einrichtungen wieder an sich zu nehmen

Definition Einrichtungen

Unter Einrichtungen sind nach der Rechtsprechung solche vom Mieter eingebrachten Sachen zu verstehen, die mit der Mietsache verbunden werden und die dazu bestimmt sind, dem Zweck der Mietsache zu dienen, jedenfalls dann, wenn sie nur zu einem vorübergehenden Zweck eingefügt werden und nicht in das Eigentum des Vermieters übergehen (BGH Urt. v. 13.5.1987 – VIII ZR 136/86).

Dazu gehören beispielsweise Einbauküchen oder Küchenbestandteile, Wandschränke, Badeinrichtungen, Waschbecken, Badewannen, Öfen, Lichtanlagen, Parabolantennen oder vom Mieter zusätzlich angebrachte Sicherheitsschlösser. Auch im Außenbereich können solche Einrichtungen gegeben sein, etwa bei umpflanzbaren Bäumen und Sträuchern im Garten. Nicht unter den Begriff der Einrichtung fallen hingegen bloßes Inventar oder Mobiliar.

Das Wegnahmerecht des (Vor-)Mieters muss jedoch in relativ kurzer Frist geltend gemacht werden, denn nach § 548 Abs. 2 BGB verjährt der Anspruch des Mieters auf Gestattung der Wegnahme einer solchen Einrichtung bereits in 6 Monaten nach der Beendigung des Mietverhältnisses.

Sofern der Anspruch auf Duldung der Wegnahme verjährt ist, kann der Vermieter auf Dauer die zurückgelassenen Einrichtungsgegenstände behalten; er ist auf Dauer zum Besitz der von dem Mieter geschaffenen Einrichtungen berechtigt. Weder dem Eigentümer (Vermieter) noch einem Mietnachfolger gegenüber stehen dem Vormieter in diesem Fall Ansprüche auf Herausgabe zu. Auch der neue Mieter ist – ebenso wie der Vermieter selbst – gegenüber dem bisherigen Mieter und Eigentümer der Einrichtung zum Besitz berechtigt.

Macht der Vormieter sein Wegnahmerecht allerdings rechtzeitig geltend, besteht eine Duldungspflicht des Vermieters, dem Vormieter das Mietobjekt zugänglich zu machen und so die Wegnahme zu ermöglichen.

Ansprüche und Verpflichtungen des Nachmieters richten sich danach, ob der (Vor-)Mieter mit dem Nachmieter ggf. eine Vereinbarung über die Einrichtung getroffen oder die Einrichtung nur zurückgelassen hat. Haben Vor- und Nachmieter eine Vereinbarung des Inhalts getroffen, dass der Nachmieter bestimmte Einrichtungen und Gegenstände gegen Entgelt übernimmt, geht das Wegnahmerecht des Vormieters auf den Nachmieter über. Dies bedeutet aber auch, dass der Nachmieter bei Auszug ggf. verpflichtet sein kann, die Einrichtungen bzw. übernommenen Gegenstände zu entfernen, wenn der Vermieter die Entfernung wünscht (siehe hierzu auch S. 113 ff. Zustand der Wohnung nach Räumung).

Anfangsrenovierung

Gemäß § 535 Abs. 1 BGB ist grundsätzlich der Vermieter verpflichtet, die vermietete Immobilie in einem zum vertragsgemäßen Gebrauch geeigneten Zustand dem Mieter bei Mietbeginn zu überlassen und in diesem Zustand zu erhalten. Zu Beginn des Mietverhältnisses ist die Mietsache, sofern es sich nicht ohnehin um einen Neubau handelt, also in einem renovierten Zustand dem Mieter zu übergeben.

Anderweitige vertragliche Vereinbarungen sind aber – in Grenzen – möglich. So kann im Mietvertrag auch vereinbart werden, dass der Mieter selbst etwaig erforderliche Schönheitsreparaturen vor Einzug ausführt (zum Begriff der Schönheitsreparaturen siehe S. 44 ff. Schönheitsreparaturen).

Nach dem Einzug

Ist der Mieter in das Objekt eingezogen, können sich weitere Rechtsfragen ergeben. Diese stellen sich in der Praxis sehr häufig im Zusammenhang mit auftretenden Mängeln der Mietsache, wenn der Vermieter die Miete erhöhen möchte oder wenn Modernisierungsmaßnahmen durchgeführt werden.

Rechte bei Mängeln des Mietobjekts

Von Mängeln des Mietobjekts spricht man, wenn die Mietsache einen Mangel im Sinne des § 536 Abs. 1 BGB aufweist, der „die Tauglichkeit der Mietsache zum vertragsgemäßen Gebrauch aufhebt oder mindert". Der Vermieter ist nach dem Gesetz verpflichtet, dafür zu sorgen, dass die Mietsache über die gesamte Dauer des Mietverhältnisses frei von Mängeln ist.

Definition Mangel
Ein Mangel ist jede für den Mieter nachteilige Abweichung des tatsächlichen Zustands der Mietsache (Ist-Zustand) vom vertraglich vorausgesetzten Zustand (Soll-Zustand). Ob ein Mangel vorliegt, bestimmt sich in erster Linie nach den Vereinbarungen der Mietvertragsparteien (BGH Urt. v. 5.12.2018 – VIII ZR 271/17).

Der Umfang des vertraglich geschuldeten Zustands ergibt sich regelmäßig auch aus dem Übergabeprotokoll, das insoweit bei der Auslegung der Vereinbarung im Mietvertrag ebenfalls heranzuziehen ist (hierzu siehe bereits oben S. 41 ff. Mietobjekt: Beschreibung und Zustand bei Vertragsschluss).

Typische Mängel, die bei einer gemieteten Immobilie immer wieder im Laufe der Mietzeit auftreten können, sind beispielsweise der Heizungsausfall, Schimmelbefall oder sog. Umweltmängel. Hierunter versteht man Mängel der Mietsache, die dadurch entstehen, dass von außen durch sog. Wohnumfeldveränderungen negativ auf das Mietobjekt eingewirkt wird. Der Mieter findet dann nicht mehr den Standard vor, den er bei Abschluss des Mietvertrags erwartet hat. Dazu zählen insbesondere Störungen durch Lärmemissionen in der Nachbarschaft, die bei Abschluss des Mietvertrags noch nicht oder nicht in dem Ausmaß vorhanden waren. Auf Einzelfragen, die sich bei Vorliegen dieser typischen Mängel stellen, wird exemplarisch an späterer Stelle noch konkreter eingegangen werden (siehe S. 61 ff. Häufige Mängel im Überblick).

Recht des Mieters auf Mängelbeseitigung

Die Pflicht des Vermieters zur Überlassung einer mangelfreien Mietsache aus § 535 Abs. 1 BGB ist eine auf die Zukunft gerichtete Dauerverpflichtung, die während der Laufzeit des Mietverhältnisses ständig neu entsteht. Das heißt der Vermieter hat – wenn ein Mangel auftritt – umgehend für die Beseitigung des Mangels zu sorgen. Dieser Anspruch ist während der Mietzeit nach der Rechtsprechung des BGH unverjährbar. Die Pflicht des Vermieters folgt aus der gesetzlich normierten Instandhaltungspflicht. Die Pflicht zur Vornahme von **Schönheitsreparaturen,** also die Pflicht, die sog. Spuren des vertragsgemäßen Gebrauchs im Sinn des § 538 BGB zu beseitigen, für die der Mieter eigentlich nicht haften muss, wird vertraglich häufig auf den Mieter überwälzt. Dies ist – in Grenzen – auch zulässig (hierzu siehe bereits S. 44 ff. Schönheitsreparaturen).

Anzeigepflicht bei auftretenden Mängeln

Der Mieter hingegen ist nach § 536c Abs. 1 S. 1 BGB verpflichtet, dem Vermieter einen Mangel nach dessen Entstehung umgehend anzuzeigen. Unterlässt der Mieter diese Anzeige an den Vermieter, kann er nach § 536b Abs. 2 BGB sogar zum Schadensersatz verpflichtet sein; nämlich dann, wenn sich der Mangel dadurch weiter vergrößert, dass der Vermieter – aufgrund seiner Unkenntnis – keine Maßnahmen ergreifen und den Mangel nicht rechtzeitig beheben kann.

Der Mieter hat einen Anspruch auf (Wieder-)Herstellung des vertragsgemäßen Zustands. Es kommt also regelmäßig darauf an, welchen Zustand die Parteien als geschuldet vereinbart haben.

Mietminderung

Für den Fall, dass die Mietsache einen Mangel aufweist, steht einem Mieter das Recht zur Minderung der Miete zu. Das Gesetz formuliert in § 536 Abs. 1 BGB insoweit sogar strenger, als dass es hier heißt, dass „der Mieter, sofern die Mietsache zur Zeit der Überlassung an ihn einen Mangel aufweist oder ein solcher während der Mietzeit entsteht, der die Tauglichkeit der Mietsache zum vertragsgemäßen Gebrauch aufhebt, für die Zeit, in der die Tauglichkeit aufgehoben ist, von der Entrichtung der Miete befreit ist". Gemäß § 536 Abs. 4 BGB kann dieses Recht zur Minderung dem Mieter nicht durch anderslautende Vereinbarungen im Mietvertrag – auch nicht, wenn diese individuell ausgehandelt wurden – entzogen werden.

Der Gesetzgeber hatte dabei die Vorstellung, dass die vom Mieter zu zahlende Miete den Wert der gemieteten Immobilie abbildet. Bei Schuldverhältnissen (also auch bei Mietverträgen) gilt das sog. Äquivalenzprinzip: Die Minderung hat daher die Aufgabe, die Gleichwertigkeit der beiderseitigen Leistungen sicherzustellen (BGH Urt. v. 15.12.2010 – XII ZR 132/09).

Das bedeutet für den Mieter, dass er bei Vorliegen eines Mangels der Mietsache nicht mehr zur Zahlung der vollen Miete verpflichtet ist, sondern nur noch einen, der Bedeutung des Mangels angemessenen, geminderten Mietzins schuldet.

Die **Höhe der Mietminderung** richtet sich nach den Umständen des jeweiligen Einzelfalls. Sie richtet sich vor allem nach der Schwere des Mangels sowie der Dauer der Minderung der Tauglichkeit der Mietsache zum vertragsgemäßen Gebrauch. Ist der Mangel so erheblich, dass der Mieter die Sache gar nicht mehr oder nur noch im geringen Umfang nutzen kann, kommt eine völlige Mietzinsbefreiung für den Zeitraum in Betracht, in dem die Mietsache praktisch nicht mehr genutzt werden kann.

Der Mieter muss den konkreten Sachmangel der Mietsache lediglich darlegen, also beschreiben. Er ist nicht verpflichtet zu erläutern, in welchem Maß der Gebrauch der Mietsache für ihn aufgrund des Mangels beeinträchtigt ist (BGH Beschl. v. 10.4.2018 – VIII ZR 223/17).

Zurückbehaltungsrecht

Dem Mieter steht eine weitere Möglichkeit offen, im Falle des Auftretens eines Mangels der Mietsache zu reagieren: Neben der Minderung kann auch ein sog. Zurückbehaltungsrecht gemäß § 320 Abs. 1 BGB hinsichtlich des nicht aufgrund der Minderung weggefallenen Teils der Miete geltend gemacht werden. Das bedeutet, dass der Mieter gar keine Miete mehr zahlt, solange der Vermieter den Mangel nicht beseitigt hat. Dies dient dazu, auf den Vermieter Druck zur Erfüllung seiner Pflichten aus dem Mietvertrag auszuüben.

Allerdings ist dieses Zurückbehaltungsrecht zeitlich und auch in der Höhe begrenzt. Die zurückgehaltenen Beträge müssen in einem angemessenen Verhältnis zur Schwere des vorliegenden Mangels stehen. Als Faustformel gilt, dass der Mieter bei leichten Mängeln maximal 3 und bei schweren Mängeln ggf. 4 bis 6 Monatsmieten zurück behalten darf. Eine Bewertung der grundsätzlichen Frage durch den BGH, in welcher Höhe und für welche Dauer die Ausübung eines Zurückbehaltungsrechts sachgerecht ist, fehlt bisher.

Wurde der Mangel der Mietsache durch den Vermieter schließlich behoben, muss der Mieter die zurückbehaltenen Beträge allerdings nachzahlen (BGH Beschl. v. 26.10.1994 – VIII ARZ 3/94).

Häufige Mängel im Überblick

Oft scheuen Mieter schon den Schritt zur Mietminderung, da Unsicherheit darüber besteht, ob bzw. in welcher Höhe die Miete aufgrund des konkret vorhandenen Mangels in rechtmäßiger Weise gemindert werden kann. Im Nachfolgenden soll daher anhand von in der Praxis häufig auftretenden Mängeln beispielhaft dargestellt werden, in welcher Höhe in diesen Fällen eine Mietminderung von der Rechtsprechung als angemessen angesehen wird:

Heizungsausfall

Handelt es sich um Wohnraum, der zentralbeheizt wird, muss der Vermieter dafür sorgen, dass die Heizungsanlage funktionsfähig ist. Die Tatsache allein, dass nicht alle Räume einer Wohnung mit Heizkörpern ausgestattet sind, stellt als solches keinen Mangel dar (LG Berlin Urt. v. 5.6.1989 – 61 S. 189/89). Auch eine ältere, ggf. unwirtschaftliche Heizungsanlage ist in der Regel nicht zu beanstanden, soweit sie dem gesetzlich geforderten Zustand gerecht wird (BGH Urt. v. 18.12.2013 – XII ZR 80/12). Anders ist der Fall zu beurteilen, dass eine Heizung zwar vorhanden ist, diese aber nicht oder nicht richtig funktioniert.

Der Mieter hat einen Anspruch darauf, dass die sog. **Behaglichkeitstemperatur** erreicht wird. Diese beträgt in den hauptsächlich benutzten Räumen 20 bis 22 Grad, in Nebenräumen 18 bis 20 Grad. In der Nacht (etwa zwischen 24 Uhr und 6 Uhr) darf diese Temperatur auf etwa 16 bis 17 Grad abgesenkt werden. Es muss allerdings gewährleistet sein, dass die Tagestemperatur innerhalb angemessener Zeit (max. innerhalb einer Stunde) wieder erreicht wird. Die Warmwassertemperatur sollte über 41 Grad liegen (AG München Urt. v. 26.10.2011 – 463 C 4744/11).

Vertragliche Vereinbarungen, die von diesen Werten abweichende Regelungen enthalten, sind regelmäßig unwirksam. So wurden vermieterseitig verwendete AGB, wonach für die Zeit der Heizperiode geringere Temperaturen vertragsgemäß sein sollten, ebenso für unwirksam erachtet (Vereinbarung einer Temperatur von 18 Grad, LG Göttingen Urt. v. 10.2.1988 – 5 S 160/87), wie Klauseln, wonach in der Sommerzeit überhaupt keine Verpflichtung zum Beheizen bestehen sollte (LG Hamburg Urt. v. 5.6.1987 –11 S 130/86).

Nach der Rechtsprechung ist ein Mangel der Mietsache mithin gegeben, wenn die genannte Behaglichkeitstemperatur über einen längeren Zeitraum nicht erreicht wird oder die Heizung ganz ausfällt. Auf ein Verschulden des Vermieters am Heizungsausfall kommt es dabei nicht an. Fällt die Heizung allerdings nur für wenige Stunden aus oder handelt es sich um eine vorübergehend geringfügige Unterschreitung von ca. 1 Grad der erforderlichen Heizleistung, ist dies als ein sog. **Bagatellmangel** zu qualifizieren, der den Mieter grundsätzlich nicht zur Minderung berechtigt (vgl. § 536 Abs. 1 S. 3 BGB, BGH Urt. v. 30.6.2004 – XII ZR 251/02).

Der Mieter selbst muss darlegen und beweisen, in welchem Zeitraum angemessene Temperaturen in den jeweiligen Räumen nicht erreicht wurden und dass der Mietgebrauch dadurch mehr als nur unerheblich beeinträchtigt wurde bzw. wird. Es empfiehlt sich daher für den Mieter – wenn möglich unter Zeugen – regelmäßig Temperaturmessungen durchzuführen.

Die Höhe der Minderung des Mietzinses richtet sich wiederum nach den Umständen des Einzelfalls. Grundlage der Berechnung der Minderung ist die sog. Bruttowarmmiete, also die Höhe des Mietzinses inkl. der Nebenkostenvorauszahlungen. Die Miete ist dabei proportional zur Einschränkung der Gebrauchstauglichkeit der Mietsache herabzusetzen.

Eine Minderung kommt also nur in Betracht, sofern sich die verminderte Heizleistung auf den sog. **Mietgebrauch**, also die Nutzungsmöglichkeit der Wohnung, auch tatsächlich auswirkt. In den Sommermonaten (Juni bis August) steht einem Mieter also auch bei Ausfall der Heizung regelmäßig kein Recht zur Minderung zu.

Beispiele

Wird die Mindesttemperatur von 20 Grad nahezu jeden Tag zu unterschiedlichen Tageszeiten teilweise für die Dauer von mehreren Stunden um bis zu 2 Grad unterschritten, rechtfertigt dies eine Mietminderung von 10 % der Bruttowarmmiete (AG Potsdam Urt. v. 30.4.2012 – 23 C 236/10).

Nach einer Entscheidung des Landgerichts Berlin ist der Mieter bei vollständigem Ausfall von Warmwasser und Heizung im Februar über 3 Tage hinweg von der Entrichtung der Miete befreit, auch ohne dass er die konkreten Raumtemperaturen nachweisen muss. Ein solcher Ausfall in der Heizperiode führe üblicherweise zu einem merklichen Temperaturabfall und Auskühlen der Wohnräume. Es obliege daher dem Vermieter, der von diesem Mangel in Kenntnis gesetzt worden sei, vor Ort eigene Feststellungen zur Bewohnbarkeit, insbesondere zur Raumtemperatur, zu treffen, wenn er der Mietminderung widersprechen will (LG Berlin Urt. v. 9.2.2010 – 65 S 475/07).

Sofern die Heizung in der Heizperiode gänzlich ausfällt, ist mithin eine Minderung bis zu 100 % möglich, wobei Abschläge gemacht werden müssen, sofern der Ausfall in der sog. Übergangszeit (April bis Mai bzw. September bis Oktober) auftritt.

Auch andere Mängel als der (zeitweise) Ausfall im Zusammenhang mit der Heizungsanlage sind denkbar. Verursacht der Mangel der Heizungsanlage beispielsweise **störende Geräusche**, ist der Mieter zwar nicht zur Kürzung der Heizkosten, aber zur Minderung der Miete berechtigt. So wurde eine Minderung von 10 % der Miete bei „Knack-Geräuschen", die von einer Gasheizung herrührten und auch nachts in störender Weise auftraten, gerichtlich als angemessen erachtet (LG Hannover Urt. v. 5.4.1994 – 9 S 211/93).

Schimmelbildung

Bei Feuchtigkeitsschäden, insbesondere Schimmelbildung und Stockflecken, ist die Mietsache mangelhaft. Treten solche Mängel auf, sind damit in der Regel nicht unerhebliche Gesundheitsgefahren verbunden. In schwerwiegenden Fällen können Feuchtigkeitsschäden bzw. deren Folgen daher sogar zur völligen Aufhebung der Gebrauchstauglichkeit der Mietsache führen und damit eine Minderung bis zu 100 % rechtfertigen.

Entscheidend für die Frage, ob ein Sachverhalt in der Praxis vorliegt, der zur Mietminderung berechtigt, ist allerdings nicht allein die Feststellung, dass ein Raum bzw. eine Wohnung Schimmelbefall aufweist. Maßgeblich ist hauptsächlich die Ursache für das Entstehen der Feuchtigkeitsschäden, letztlich also die Frage, ob die Gewährleistungsrechte ausgeschlossen sind, weil der Mieter den Mangel durch sein Wohn- und Nutzungsverhalten selbst verschuldet hat. Maßgeblich ist, ob der Mieter die betroffenen Räume nicht ausreichend beheizt und gelüftet hat. Daher entsteht häufig Streit über die Ursache der Schimmelbildung, so dass meist Sachverständige diese Frage klären müssen.

Dem Mieter dürfen zumindest keine unzumutbaren Bemühungen zur Verhinderung von Feuchtigkeitsschäden abverlangt werden. Er muss vielmehr nur in zumutbarem Umfang lüften und heizen. In welchem Maß Beheizung und Lüftung einer Wohnung dem Mieter konkret zumutbar sind, kann allerdings nach der Rechtsprechung des BGH nicht abstrakt-generell und unabhängig insbesondere von Alter und Ausstattung des Gebäudes sowie dem Nutzungsverhalten des Mieters, sondern nur unter Berücksichtigung der Umstände des Einzelfalls bestimmt werden.

Beispiele

Sofern ein täglich 2-maliges Stoßlüften von rund 15 Minuten bzw. ein täglich 3-maliges Stoßlüften von rund zehn Minuten ausreicht, um eine Schimmelpilzbildung an den Außenwänden zu vermeiden und sich im Falle von Querlüften (gleichzeitiges Öffnen mehrerer Fenster) die erforderliche Lüftungszeit auf ein Drittel der angegebenen Zeiten reduziert, handelt es sich nicht um ein Lüftungsverhalten, das einem Mieter generell unzumutbar ist. Nach der Rechtsprechung ist ferner anerkannt, dass ein tägliches 3- bis 4-maliges Stoßlüften den Mieter ebenfalls nicht überobligatorisch belastet (LG Frankfurt a. M. Urt. v. 16.1.2015 – 2-17 S 51/14).

Das Amtsgericht Berlin-Tempelhof-Kreuzberg hat dazu entschieden, dass von Mietern verlangt werden könne, dass sie bis zu 3-mal am Tag lüften und zwar einmal morgens, einmal am frühen Abend und einmal kurz vor dem Schlafengehen. Jegliches darüber hinaus gehende Lüftungserfordernis entspricht nach Auffassung des Gerichts nicht mehr dem üblichen Mietgebrauch und ist den Mietern auch nicht zumutbar (AG Berlin-Tempelhof-Kreuzberg Urt. v. 19.10.2015 – 20 C 234/13).

Sog. Wärmebrücken in Außenwänden einer Wohnung und eine deshalb – bei unzureichender Lüftung und Heizung – bestehende Gefahr einer Schimmelpilzbildung sind in der Regel auch nicht per se als Sachmangel der Wohnung anzusehen, wenn dieser Zustand mit den zum Zeitpunkt der Errichtung des Gebäudes geltenden Bauvorschriften und technischen Normen in Einklang steht (BGH Urt. v. 5.12.2018 – VIII ZR 271/17).

Können allerdings nur durch unwirtschaftliches und übermäßiges Heizen und Lüften Feuchtigkeitsschäden verhindert werden, liegt ein Mangel der Mietsache vor (LG Hamburg Urt. v. 26.09.1997 – 311 S. 88–96).

Zusammenfassend lässt sich festhalten, dass eine Mietwohnung ein breites Spektrum der Lebensgewohnheiten zulassen muss, ohne dass dem Mieter ein Vorwurf im Hinblick auf eine etwaige Schimmelbildung gemacht werden kann. Im Einzelfall kann bereits ein mehrmaliges Stoßlüften am Tag für jeweils 10 Minuten schon unzumutbar sein. Es ist nicht angebracht, dass ein Mieter über den Tag verteilt mehrfach gründlich lüften muss, etwa um einen Mangel der Bausubstanz auszugleichen (LG Hamburg Urt. v. 26.9.1997 – 311 S 88–96).

Umweltmängel

Ein zur Minderung berechtigender Mangel muss nicht zwingend von der Mietsache selbst ausgehen, sondern kann ihre Ursache auch in deren Beziehungen zur Umwelt oder ihrem Umfeld finden.

Definition Umweltmängel
Hierunter werden Störungen im vertragsgemäßen Gebrauch der gemieteten Wohnung verstanden, die ihre Ursache nicht in der Beschaffenheit der Mietsache selbst haben, sondern in sonstigen rechtlichen oder tatsächlichen Verhältnissen, die die Tauglichkeit der Mietsache zum Vertragszweck beeinträchtigen können.

Die Abgrenzung zwischen einem Sachmangel und dem allgemeinen Lebens- sowie Verwendungsrisiko, das der Mieter zu tragen hat, ist hier regelmäßig schwierig. In der Praxis sind hier eine Vielzahl von Fallgestaltungen denkbar, die sich nachteilig auf den Mietgebrauch auswirken können.

Zu Umweltmängeln zählen beispielsweise:

- Lärm (Baulärm, Straßenlärm, Lärm aus dem Wohnumfeld)
- Gerüche
- Staubentwicklung
- Vorhandensein von Umweltgiften
- Verschmutzungen

Auch hier ist die Frage, in welchem Maß eine Beeinträchtigung den Mieter zur Minderung berechtigt, eine Frage des Einzelfalls.

Der BGH hat mit einer Entscheidung aus dem Jahr 2015 den Mangelbegriff im Zusammenhang mit Umweltmängeln grundsätzlich beleuchtet und festgestellt, dass ein Mieter jedenfalls nicht erwarten könne, dass die zu Mietbeginn gegebenen Umweltbedingungen während der Dauer des Mietvertrags unverändert blieben.

> *Beispiel*
> *In unmittelbarer Nachbarschaft zu einer vermieteten Woh-nung nahe einer Schule war ein Bolzplatz eingerichtet worden, dessen Benutzung (auch außerhalb der offiziellen Öffnungszeiten) zu nicht unerheblichen Geräuschentwick-lungen führte. Der BGH hat ein Minderungsrecht des Mieters abgelehnt, da der Vermieter nicht dafür einstehen müsse, dass sich ein bei Vertragsschluss hingenommenes Maß an Geräuschen vom Nachbargrundstück nicht nachträglich ver-größere, wenn er diese Geräusche selbst gegenüber dem Nachbarn entschädigungslos zu dulden hätte. In den neu*

> *aufgetretenen Lärmbelästigungen könne jedenfalls dann kein Mangel der Mietsache gesehen werden, wenn auch der Vermieter selbst die Belästigungen ohne eigene Abwehr- oder Entschädigungsmöglichkeiten – etwa mit Rücksicht auf das bei Kinderlärm bestehende gesetzliche Toleranzgebot – als unwesentlich oder ortsüblich hinnehmen müsste (BGH Urt. v. 29.4.2015 – VIII ZR 197/14).*

Die Bewertung von Umweltmängeln und insbesondere die Frage, ob hieraus tatsächlich ein Recht zur Minderung resultiert, ist äußerst komplex und setzt eine sehr gute Kenntnis der zu den einzelnen Fallgruppen ergangenen Rechtsprechung voraus. Es empfiehlt sich daher in genannten Konstellationen Rechtsrat einzuholen.

Mieterhöhung durch den Vermieter

Haben die Parteien keine vertragliche Anpassung der Miete vereinbart (Staffelmiete, Indexmiete), hat der Vermieter einen Anspruch auf Mieterhöhung bis zur **ortsüblichen Vergleichsmiete**. Diese wird aus den Neuvertrags- und Bestandsmieten der letzten 4 Jahre aus vergleichbaren Wohnungen nach 5 Wohnwertmerkmalen ermittelt (Art, Größe, Ausstattung, Beschaffenheit und Lage). Sie ergibt sich durch Bezugnahme auf

- einen einfachen oder qualifizierten Mietspiegel,
- ein Sachverständigengutachten,
- mindestens 3 Vergleichswohnungen.

Der Anspruch auf Mieterhöhung besteht, wenn folgende Voraussetzungen eingehalten werden:

- Miete zum Erhöhungszeitpunkt seit 15 Monaten unverändert
- einjährige Wartefrist nach der letzten Mieterhöhung
- kein Überschreiten der ortsüblichen Vergleichsmiete
- Beachtung der Kappungsgrenze
- formal ordnungsgemäßes Erhöhungsverlangen.

Mieterhöhungsverlangen

Seinen Anspruch auf eine erhöhte Miete macht der Vermieter mit einem ordnungsgemäßen Mieterhöhungsverlangen geltend. Hierfür ist Textform ausreichend. Ein solches Schreiben bedarf daher keiner Unterschrift des Vermieters. Das Mieterhöhungsverlangen ist von allen Vermietern zu erklären und muss an alle Mieter gerichtet sein. Möglich ist auch eine Bevollmächtigung, z. B. schon im Mietvertrag. Das Mieterhöhungsverlangen wird mit Zugang beim Mieter wirksam.

Hinweis

Haben die Parteien eine längere Vertragslaufzeit des Mietvertrages über ein Jahr vereinbart, etwa in Form eines (qualifizierten) Zeitmietvertrages oder eines befristeten Kündigungsausschlusses, dann bedürfen vertragliche Änderungen der Schriftform. In einem solchen Fall ist die Textform nicht ausreichend und das Mieterhöhungsverlangen bedarf der Schriftform, wobei der Mieter seine Zustimmung auf derselben Urkunde erteilen muss.

In dem Mieterhöhungsverlangen muss der Vermieter den Mieter zur Abgabe einer **Zustimmungserklärung** zur Mieterhöhung auffordern. Der Vermieter muss mitteilen, welche erhöhte Miete er verlangt, entweder durch Angabe des Erhöhungsbetrages oder der neuen Miete. Der **Erhöhungszeitpunkt** ist nicht zwingend anzugeben, da sich dieser aus dem Gesetz, § 558b Abs. 1 BGB, ergibt: Die erhöhte Miete ist zum Beginn des 3. Kalendermonats nach dem Zugang des Erhöhungsverlangens zu zahlen.

Im Mieterhöhungsverlangen muss der Vermieter begründen, warum er eine Erhöhung der bisherigen Miete auf die ortsübliche Vergleichsmiete verlangt.

Mietspiegel

Mietspiegel enthalten eine Übersicht über die ortsübliche Vergleichsmiete in einer oder mehreren Gemeinden oder Teilen von Gemeinden und werden von der Gemeinde oder von Interessenvertretern der Vermieter und der Mieter gemeinsam erstellt oder von diesen anerkannt. Einfache Mietspiegel sollen im Abstand von 2 Jahren der Marktentwicklung angepasst werden.

Ein sog. **qualifizierter Mietspiegel** liegt vor, wenn er nach anerkannten wissenschaftlichen Grundsätzen erstellt worden ist. Er muss alle 4 Jahre neu erstellt werden und muss nach 2 Jahren der Marktentwicklung angepasst werden, wofür Stichproben oder eine Orientierung an der Preisentwicklung erfolgen kann. Für den qualifizierten Mietspiegel gilt eine gesetzliche Vermutung, dass die darin angegebenen Miethöhen die ortsübliche Vergleichsmiete wiedergeben. Daher ist einem Mieterhöhungsverlangen, das auf eines der anderen Begründungsmittel Bezug nimmt, auch immer die ortsübliche Vergleichsmiete aus einem vorliegenden qualifizierten Mietspiegeln mit anzugeben.

Ein Mietspiegel muss dem Mieterhöhungsverlangen nicht zwingend beigefügt werden; es reicht aus, darauf zu verweisen, wenn er öffentlich kostenlos zugänglich ist. Dies ist in der Regel der Fall.

Wenn kein örtlicher Mietspiegel existiert, ein Mietspiegel für die konkrete Wohnung keine Daten enthält oder nicht rechtzeitig aktualisiert wurde, kann der Vermieter zur Begründung auf einen Mietspiegel aus einer vergleichbaren Gemeinde (z. B. Nachbargemeinde) zurückgreifen.

In Mietspiegeln werden fast ausschließlich **Nettomieten** ausgewiesen, also die reine Grundmiete. Sofern in der Miete die Betriebskosten ganz oder teilweise enthalten sind (Bruttomiete) sind diese herauszurechnen, indem die konkret auf die Wohnung entfallenden Betriebskosten einmalig ermittelt werden. Ebenso sind gesondert vereinbarte Zuschläge für teilgewerbliche Nutzung, Untervermietung oder eine Teilmöblierung der Wohnung abzusetzen.

Sachverständigengutachten

Selten angewendet wird das Begründungsmittel des Sachverständigengutachtens, allein wegen der erheblichen Kosten, die der Vermieter zu tragen hat. Der Sachverständige muss öffentlich bestellt und vereidigt sein. Letztendlich ermittelt der Sachverständige die für andere vergleichbare Wohnungen gezahlten Mieten unter Berücksichtigung seines Erfahrungsschatzes aus einer Vielzahl von Fällen und weiteren verfügbaren Mietwerten. Ein solches Sachverständigengutachten stellt allerdings nur ein zulässiges Begründungsmittel für ein Mieterhöhungsverlangen dar. Es ist als Parteigutachten aber kein Beweismittel in einem Gerichtsprozess auf Zustimmung zur erhöhten Miete. Hier ist nur ein vom Gericht selbst beauftragtes Sachverständigengutachten verwertbar.

Angabe von Vergleichswohnungen

Zur Ermittlung der ortsüblichen Vergleichsmiete kann der Vermieter mindestens 3 Vergleichswohnungen benennen, die auch aus seinem eigenen Bestand stammen können. Die Vergleichswohnungen müssen grundsätzlich im örtlichen Wohnungsmarkt liegen. Nur wenn in diesem keine Vergleichswohnungen vorhanden sind, darf der Vermieter ausnahmsweise auch auf Vergleichswohnungen aus einer Nachbargemeinde zurückgreifen, wozu es aber einer gesonderten Begründung bedarf. Die Vergleichswohnungen müssen nicht identisch, aber vergleichbar sein. Es müssen nicht alle Wohnwertmerkmale der Vergleichswohnungen (Art, Größe, Ausstattung, Beschaffenheit und Lage) mit der Wohnung des Mieters übereinstimmen.

Die Vergleichswohnungen sind dem Mieter so konkret zu benennen, dass dieser in der Lage ist, die Angaben zu überprüfen, insbesondere auch hinsichtlich der Vergleichbarkeit. Jede Vergleichswohnung ist mit genauer postalischer Anschrift und – bei mehreren Wohnungen im Haus – der genauen Lage anzugeben. Notwendig sind Angaben zur Größe und (zur Herstellung der Vergleichbarkeit) der Quadratmetermiete.

Für die 3 benannten Vergleichswohnungen muss die verlangte Quadratmetermiete oder eine höhere Miete gezahlt werden. Auf einen Durchschnitt der Miete der Vergleichswohnungen kommt es nicht an.

Will der Mieter im Zustimmungsverfahren die Vergleichbarkeit bestreiten, muss er konkret vortragen, bei welchen Wohnwertmerkmalen es an einer Vergleichbarkeit mangelt.

Weitere Begründungsmittel

Die im Gesetz genannten Begründungsmittel sind nicht abschließend. Grundsätzlich sind weitere Arten der Begründung des Mieterhöhungsverlangens denkbar, z. B. Typgutachten für andere als die konkrete Wohnung oder aktuelle Urteile über die Höhe der ortsüblichen Vergleichsmiete für vergleichbaren Wohnraum.

Kein Begründungsmittel sind aber Zeitungsinserate, Preisspiegel von Maklern oder häufig fälschlich als Mietpreisspiegel bezeichnete Preisübersichten von Immobilienportalen.

Kappungsgrenze

Die vom Vermieter verlangte Mieterhöhung darf nicht nur maximal die ortsübliche Vergleichsmiete erreichen, sie muss zum anderen auch eine sog. gesetzliche Kappungsgrenze einhalten. Die Miete darf danach in 3 Jahren um höchstens 20 % ansteigen. Mietänderungen wegen Modernisierung oder Erhöhung von Betriebskosten gemäß § 559 und § 560 BGB werden dabei nicht berücksichtigt.

Die Kappungsgrenze ist stets die Obergrenze für den Erhöhungsanspruch des Vermieters, auch wenn die ortsübliche Vergleichsmiete darüber liegt.

Herabgesetzte Kappungsgrenze

In Gemeinden oder Gemeindeteilen, in denen die ausreichende Versorgung der Bevölkerung mit Mietwohnungen zu angemessenen Bedingungen besonders gefährdet ist, kann die Landesregierung durch Rechtsverordnung die Kappungsgrenze auf 15 % herabsetzen. Durch einen solchen Mietpreisdeckel soll der Anstieg der Mieten in Bestandsmietverhältnissen verlangsamt werden. Davon haben derzeit die Bundesländer Bayern, Baden-Württemberg, Berlin, Brandenburg, Bremen, Hamburg, Hessen, Niedersachsen, Nordrhein-Westfalen, Rheinland-Pfalz, Sachsen und Schleswig-Holstein Gebrauch gemacht.

Zustimmung zur Mieterhöhung

Stimmt der Mieter der verlangten Mieterhöhung zu, hat er die erhöhte Miete mit Beginn des 3. Kalendermonats nach dem Zugang des Erhöhungsverlangens zu zahlen

Insoweit hat der Mieter eine Überlegungsfrist: Er kann der Mieterhöhung bis zum Ablauf des 2. Kalendermonats nach Zugang des Erhöhungsverlangens zustimmen.

Hat der Mieter innerhalb der Frist nicht zugestimmt, hat der Vermieter binnen weiterer 3 Monate die Möglichkeit, Klage auf Zustimmung zur Mieterhöhung zu erheben. Nach Ablauf dieser Klagefrist verliert das Mieterhöhungsverlangen seine Wirkung.

Der Mieter hat auf das Erhöhungsverlangen des Vermieters mehrere Reaktionsmöglichkeiten. Grundsätzlich bedarf die Erhöhung der Miete der Mitwirkung des Mieters; der Vermieter kann die Miete nicht einseitig erhöhen. Die Miete ändert sich also nur, wenn der Mieter mit der Regelung einverstanden ist. Auf diese Zustimmung hat der Vermieter einen durchsetzbaren (einklagbaren) Anspruch, wenn die gesetzlichen Voraussetzungen erfüllt sind.

Ablehnung des Erhöhungsverlangens

Der Mieter kann das Zustimmungsverlangen ausdrücklich ablehnen oder hierauf schweigen. Erhebt der Vermieter sodann keine fristgerechte Klage oder stellt sich das Mieterhöhungsverlangen in einem nachfolgenden Zustimmungsprozess als formell unwirksam oder unbegründet heraus, ändert sich für den Mieter nichts.

Zustimmung

Ist der Mieter mit der verlangten Mieterhöhung einverstanden oder erkennt er nach Prüfung, dass das Erhöhungsverlangen begründet ist, so kann (und sollte) er seine Zustimmung erteilen. Dies ist auch noch über den Ablauf der Überlegungsfrist hinaus möglich, bis das Verlangen des Vermieters wegen Ablaufs der Klagefrist unwirksam wird. Auch bei einem an sich unwirksamen bzw. unbegründeten Erhöhungsverlangen des Vermieters bewirkt die Zustimmung des Mieters die Änderung der Miete. Die Zustimmung zur erhöhten Miete kann auch konkludent, d. h. durch schlüssiges Verhalten erfolgen, etwa indem der Mieter die erhöhte Miete mehrfach hintereinander zahlt, es sei denn, dass der Vermieter eine ausdrückliche Zustimmungserklärung verlangt hat.

Will der Mieter nur eine teilweise Mieterhöhung akzeptieren, etwa weil er das Verlangen zum Teil für unbegründet erachtet, ist auch eine **Teilzustimmung** möglich. Da der Vermieter bei einer solchen bis zum Ablauf der Klagefrist die Möglichkeit hat, die übrige Mieterhöhung gerichtlich weiterzuverfolgen, löst die Teilzustimmung bis zum Ablauf der Klagefrist die Jahressperrfrist für die nächste Mieterhöhung nicht aus.

Kündigung nach Mieterhöhung

Wenn der Vermieter eine Mieterhöhung nach § 558 BGB auf die ortsübliche Vergleichsmiete verlangt, ist der Mieter nach § 561 BGB bis zum Ablauf der Überlegungsfrist (Ablauf des 2. Monats nach Zugang des Erhöhungsverlangens) berechtigt, das Mietverhältnis zu kündigen, und zwar zum Ablauf des übernächsten Monats. Die Kündigungsfrist beträgt mindestens 2 Monate, kann aber je nach Zeitpunkt der Erklärung auch fast 3 Monate betragen. Macht der Mieter von diesem außerordentlichen Kündigungsrecht Gebrauch, tritt die Wirkung der Mieterhöhung für die restliche Vertragslaufzeit nicht ein.

Der Zustimmungsprozess

Erteilt der Mieter innerhalb der Überlegungsfrist die Zustimmung zur Mieterhöhung nicht oder nicht vollständig, kann der Vermieter auf Zustimmung klagen (§ 558b Abs. 2 BGB). Die Klage muss von allen Vermietern gegen alle Mieter erhoben werden, selbst dann, wenn einer von mehreren Mietern bereits rechtzeitig zugestimmt hat. Die Klagefrist beträgt 3 volle Monate und beginnt nach Ablauf der Überlegungsfrist des Mieters.

Das Gericht entscheidet durch Urteil darüber, ob der Vermieter die beanspruchte Mieterhöhung berechtigt verlangen kann und ermittelt hierzu die ortsübliche Vergleichsmiete. In Gemeinden, in denen ein Mietspiegel vorliegt, kann sich das Gericht an den Werten im Rahmen der Schätzung orientieren. Gibt es für eine Gemeinde einen qualifizierten Mietspiegel, so wird vermutet, dass die darin angegebenen Werte die ortsübliche Vergleichsmiete wiedergeben, § 558d Abs. 3 BGB. Diese Vermutung ist allerdings widerlegbar, etwa wenn einzelne Wohnungstypen darin nicht oder nur unzureichend erfasst sind oder der Mietspiegel nicht nach anerkannten wirtschaftlichen Grundsätzen erstellt wurde, wie es das Gesetz verlangt (§ 558d Abs. 1 BGB).

Stellen sich während des Zustimmungsprozesses Mängel des Erhöhungsverlangens heraus, hat der Vermieter eine gesetzlich eingeräumte Möglichkeit der Nachbesserung (§ 558b Abs. 3 BGB). Ein im Prozess nachgebessertes Erhöhungsverlangen löst allerdings eine neue Zustimmungsfrist des Mieters bis zum Ablauf des 2. Monats nach Zugang des Erhöhungsverlangens in Gang.

Das gerichtliche Urteil ersetzt die Zustimmungserklärung des Mieters. Die Mieterhöhung tritt dann (rückwirkend) zum beantragten Wirkungszeitpunkt in Kraft.

Hinweis

Erteilt der Mieter wegen geringer Erfolgsaussichten während des Prozesses doch noch seine Zustimmung zur Mieterhöhung, wird der Prozess dadurch erledigt und das Gericht hat nur noch über die Kosten des Verfahrens zu entscheiden. Erkennt der Mieter zudem seine Kostentragungspflicht im Prozess an, kann er mit dieser Erklärung die Gerichtsgebühren auf 1/3 reduzieren und so die seinerseits zu tragenden Prozesskosten verringern.

Modernisierungsmaßnahmen

Im Laufe eines Mietverhältnisses kann der Vermieter sich durchaus entschließen, sog. Modernisierungsmaßnahmen in einer Wohnung bzw. an dem vermieteten Gebäude durchzuführen.

Der Begriff der Modernisierungsmaßnahmen ist in § 555b BGB gesetzlich definiert. Hierunter werden beispielsweise Maßnahmen verstanden, durch die

- eine energetische Modernisierung herbeigeführt, sog. nicht erneuerbare Primärenergie (z. B. Heizöl, Gas oder Kohle) nachhaltig eingespart oder der Wasserverbrauch nachhaltig reduziert wird,

- der Gebrauchswert der Mietsache nachhaltig erhöht wird (z. B. durch Anbau eines Balkons),

- die allgemeinen Wohnverhältnisse auf Dauer verbessert werden (z. B. durch Einbau eines Fahrstuhls) oder

• neuer Wohnraum geschaffen wird.

In Abgrenzung dazu handelt es sich bei sog. Erhaltungsmaßnahmen im Sinn des § 555a BGB um Maßnahmen, die zur Instandhaltung und Instandsetzung der Mietsache erforderlich sind. Diese dienen im Gegensatz zu Modernisierungsmaßnahmen nur dazu, Schäden zu verhindern oder zu beseitigen.

Duldung von Modernisierungsmaßnahmen

Will der Vermieter eine solche Modernisierungsmaßnahme durchführen, ist er nach § 555c Abs. 1 BGB zunächst verpflichtet, dem Mieter diese spätestens 3 Monate vor Beginn der Arbeiten in Textform (also per E-Mail, SMS oder Brief) anzukündigen. Dabei hat der Vermieter dem Mieter den voraussichtlichen Beginn und die voraussichtliche Dauer der Modernisierungsmaßnahme, den Betrag der zu erwartenden Mieterhöhung sowie die voraussichtlichen künftigen Betriebskosten mitzuteilen.

Der Mieter hat eine solche Maßnahme gemäß § 555d Abs. 1 BGB grundsätzlich zu dulden. Eine Duldungspflicht besteht gemäß § 555d Abs. 2 BGB ausnahmsweise dann nicht, wenn die Maßnahme für den Mieter und seine Familie – auch unter Berücksichtigung der berechtigten Vermieterinteressen und von Umweltbelangen – eine nicht zu rechtfertigende Härte bedeuten würde. Diese Umstände muss der Mieter bis zum Ablauf des Monats, der auf die ordnungsmäßige Ankündigung der Modernisierung folgt, dem Vermieter – ebenfalls in Textform – mitteilen; nach Ablauf dieser Frist ist der **Einwand einer unzumutbaren Härte** nicht mehr möglich (§ 555d Abs. 3 BGB).

Ist die Frist abgelaufen, sind ferner Umstände, die eine Härte im Hinblick auf die Duldung oder einer Mieterhöhung aufgrund der Modernisierung begründen, nur noch zu berücksichtigen, wenn der Mieter ohne Verschulden an der Einhaltung der Frist gehindert war und er dem Vermieter die Umstände sowie die Gründe der Verzögerung unverzüglich in Textform mitteilt (§ 555d Abs. 4 S. 1 BGB).

Härtegründe

In Betracht kommen etwa Folgen, die sich unmittelbar aus den vorzunehmenden Arbeiten und für den Mieter in Bezug auf sein Alter, seinen Gesundheitszustand, den seiner Familienangehörigen oder Angehörigen seines Haushalts ergeben. Dazu gehören z. B. Beeinträchtigungen durch Lärm, Schmutz, Erschütterungen, Staub oder sonstige Nachteile im Hinblick auf die Nutzbarkeit der Räume.

So wäre beispielsweise ein Fensteraustausch in den Wintermonaten oder ein vollständiger Heizungsausbau im Winter unzumutbar (AG Köln Urt. v. 14.2.1975 – 152 C 1707/74). Auch eine 12-monatige Aufgabe der Wohnung bzw. der 12-monatige Bezug von Ersatzwohnraum stellt nach einer Entscheidung des Landgerichts Berlin eine unzumutbare Härte da (LG Berlin Urt. v. 17.2.2016 – 65 S 301/15).

Der Einwand der Unzumutbarkeit einer aus einer Modernisierungsmaßnahme resultierenden Mieterhöhung ist allerdings kein berücksichtigungsfähiger Einwand im Hinblick auf die Frage des Bestehens einer Duldungspflicht, sondern ist ggf. im Rahmen des nachgelagerten Mieterhöhungsverfahrens gemäß § 559 Abs. 4 BGB von Belang (hierzu siehe S. 83 ff. Mieterhöhung wegen Modernisierung). Umstände, die eine Härte im Hinblick auf die Mieterhöhung begründen sollen, müssen seitens des Mieters allerdings spätestens bis zum Beginn der Modernisierungsmaßnahme mitgeteilt werden, anderenfalls werden diese nicht mehr berücksichtigt (§ 555d Abs. 4 S. 2 BGB).

Handelt es sich jedoch um eine sog. **Bagatellmaßnahme**, die nur mit einer unerheblichen Einwirkung auf die Mietsache verbunden ist und nur zu einer unerheblichen Mieterhöhung führt, ist der Vermieter gemäß § 555c Abs. 4 BGB nicht verpflichtet, den Mieter über diese Maßnahme im Vorfeld zu informieren.

> *Beispiele*
> *Beispiele für eine Bagatellmaßnahme wären der Austausch des bisherigen Elektroplattenherds durch den Einbau eines Cerankochfelds, der Einbau eines Rauchmelders oder Arbeiten im Treppenhaus oder an Außenflächen ohne größere Lärmeinwirkungen.*

Als eine noch unerhebliche Mieterhöhung wird in der Rechtsprechung derzeit eine prozentuale Erhöhung von bis zu 5 % ausgehend von der bisherigen Miete angesehen.

Ist dem Mieter eine Modernisierungsankündigung zugegangen, ist er – sofern es sich nicht um eine Bagatellmaßnahme handelt – nach § 555e BGB berechtigt, das Mietverhältnis außerordentlich zum Ablauf des übernächsten Monats zu kündigen. Die Kündigung muss bis zum Ablauf des Monats erfolgen, der auf den Zugang der Modernisierungsankündigung folgt.

Mieterhöhung wegen Modernisierung

Sind die Modernisierungsmaßnahmen abgeschlossen, steht dem Vermieter einseitig das Recht zu, die Miete zu erhöhen. Einer Zustimmung des Mieters zur Mieterhöhung bedarf es nicht. So wird es dem Vermieter ermöglicht, die ihm im Rahmen der Modernisierung entstandenen Kosten zum Teil auf den Mieter umzulegen.

Seit dem 1.1.2019 kann ein Vermieter nach der Neuregelung in § 559 Abs. 1 BGB die jährliche Miete um 8 % der für die Wohnung aufgewendeten Kosten erhöhen. (Bis zum 31.12.2018 war noch eine Erhöhung um 11 % der für die Wohnung aufgewendeten Kosten statthaft).

> **Hinweis**
>
> Nach der Übergangsregelung in Art. 229 § 49 Abs. 1 EGBGB können Vermieter bei einem bis zum 31.12.2018 abgeschlossenen Mietverhältnis noch 11 % der Kosten umlegen, wenn dem Mieter bis zum Ablauf des 31.12.2018 eine wirksame Ankündigung über die Modernisierung nach § 555c Abs. 1 BGB bzw. die Mieterhöhungserklärung des Vermieters im Sinn des § 559b BGB zugegangen ist.

Es muss sich um Modernisierungsmaßnahmen im Sinn des § 555b Nr. 1, 3, 4, 5 oder 6 BGB gehandelt haben. Dies sind entweder Maßnahmen zur energetischen Modernisierung oder solche, durch die der Wasserverbrauch nachhaltig reduziert oder der Gebrauchswert der Mietsache nachhaltig erhöht wird, durch die die allgemeinen Wohnverhältnisse auf Dauer verbessert werden oder welche auf Grund von

Umständen durchgeführt wurden, die der Vermieter nicht zu vertreten hat, und die keine Erhaltungsmaßnahmen nach § 555a BGB sind. Unter der letztgenannten Fallgruppe sind Verpflichtungen des Vermieters zu verstehen, die sich aus Gesetz, Verordnung oder gemeindlicher Satzung ergeben können. Beispielhaft können hier der Einbau von Kaltwasserzählern oder Rauchmeldern gemäß der jeweils einschlägigen Landesbauordnung oder Baumaßnahmen aufgrund entsprechender Vorgaben des Denkmalschutzes genannt werden.

Wurden für mehrere Wohnungen Modernisierungsmaßnahmen durchgeführt, so sind die Kosten angemessen auf die einzelnen Wohnungen aufzuteilen (§ 559 Abs. 3 BGB). Auch im Falle, dass der Vermieter dem Mieter eine Maßnahme zur Modernisierung nicht rechtzeitig angezeigt hat, bleibt er zur Mieterhöhung berechtigt (BGH Urt. v. 2.3.2011 – VIII ZR 164/10).

Zu beachten ist ferner, dass seit dem 1.1.2019 eine Deckelung der Mieterhöhung (sog. **absolute Kappungsgrenze**) festgeschrieben ist. Bei Erhöhungen der jährlichen Miete nach § 559 Abs. 1 BGB darf sich die monatliche Miete innerhalb von sechs Jahren, von Erhöhungen auf die ortsübliche Vergleichsmiete nach § 558 BGB (siehe S. 69 ff. Mieterhöhung durch den Vermieter) oder Betriebskostenerhöhungen gemäß § 560 BGB abgesehen, nicht um mehr als 3 EUR/m^2 Wohnfläche erhöhen. Beträgt die monatliche Miete vor der Mieterhöhung weniger als 7 EUR/m^2 Wohnfläche, beträgt die Kappungsgrenze 2 EUR/m^2.

Gemäß § 559a BGB muss sich der Vermieter bei der Berechnung der umlagefähigen Modernisierungskosten eine etwaige staatliche Förderung im Rahmen von zinsgünstigen Darlehen oder Zuschüssen aus Förderprogrammen beispiels-

weise der Kreditanstalt für Wiederaufbau oder von Förderprogrammen der Länder und Gemeinden anrechnen lassen.

Stellt die Mieterhöhung wegen einer Modernisierungsmaßnahme für den Mieter eine **unzumutbare Härte** dar, ist
nach § 559 Abs. 4 BGB die Mieterhöhung ausnahmsweise
ausgeschlossen. Bei der Bewertung der Frage, ob eine solche
Härte für den Mieter vorliegt, sind auch die voraussichtlichen
künftigen Betriebskosten zu berücksichtigen sowie berechtigte Interessen des Vermieters zu würdigen. Die Erhöhung
darf bei Abwägung dieser Kriterien nicht zu rechtfertigen
sein. Außerdem findet eine solche Abwägung per se nicht
statt, wenn die Mietsache lediglich in einen Zustand versetzt
wurde, der allgemein üblich ist oder die Modernisierungsmaßnahme auf Grund von Umständen durchgeführt wurde,
die der Vermieter nicht zu vertreten hatte (also etwa aufgrund gesetzlich zwingender Vorgaben durchgeführt wurde) oder der Härtefalleinwand des Mieters nicht fristgerecht
erfolgt ist (§ 559 Abs. 5 BGB).

Der Gesetzgeber stellt insoweit auf die finanzielle Leistungsfähigkeit des Mieters ab. Bevor die genannte Abwägung
durchgeführt werden darf, ist also zunächst die Frage zu
beantworten, ob eine finanzielle Härte aufgrund der Mieterhöhung für den Mieter vorliegt. Maßgeblich ist insoweit
das konkrete Einkommen des Mieters, also sein Nettoein-
kommen. Dem gegenüber zu stellen ist die seitens des
Vermieters angekündigte Mieterhöhung. Es kommt nach
der Rechtsprechung maßgeblich darauf an, ob dem Mieter
nach Abzug der Miete ein Einkommen verbleibt, welches
ihm erlaubt, seinen bisherigen Lebenszuschnitt im Großen
und Ganzen aufrecht zu erhalten. Der Mieter darf aufgrund
der Mieterhöhung nicht gezwungen werden, am Existenz-

minimum zu leben. Dabei ist auch das Verhältnis zwischen Wohnbedarf und Wohnungsgröße zu berücksichtigen, also die Frage, ob der Mieter in der konkreten Wohnung nicht über seine finanziellen Verhältnisse lebt (AG Bielefeld Urt. v. 19.4.2018 – 408 C 16/18).

Will der Vermieter sich darauf berufen, dass ein Härtefalleinwand aufgrund der Tatsache ausscheide, dass es sich bei der Modernisierungsmaßnahme nur um die Schaffung eines allgemein üblichen Zustands handele, ist er diesbezüglich beweispflichtig. Anerkannt wurde das Vorliegen eines solchen Umstands etwa bei nachträglichem Anschluss an eine Zentralheizung (LG Berlin Urt. v. 10.1.2012 – 63 S 203/11).

Macht der Vermieter rechtmäßig eine Mieterhöhung aufgrund einer erfolgten Modernisierungsmaßnahme geltend, schuldet der Mieter die erhöhte Miete gemäß § 559b Abs. 2 BGB erst mit Beginn des 3. Monats nach Zugang der ordnungsgemäßen Erklärung des Vermieters über das Mieterhöhungsverlangen. In dieser Erklärung ist die Erhöhung auf Grund der entstandenen Kosten konkret zu berechnen und zu erläutern. Die Erklärung muss mindestens in Textform erfolgen. Die Frist verlängert sich um sechs Monate, wenn entweder der Vermieter dem Mieter die Maßnahme nicht ordnungsgemäß angekündigt hat oder die tatsächliche Mieterhöhung die angekündigte um mehr als 10 % übersteigt.

Außerordentliches Kündigungsrecht

Gemäß § 561 kann der Mieter im Falle einer Mieterhöhung aufgrund einer Modernisierungsmaßnahme bis zum Ablauf des 2. Monats nach dem Zugang der Mieterhöhungserklärung des Vermieters das Mietverhältnis außerordentlich zum

Ablauf des übernächsten Monats kündigen. Dieses Kündigungsrecht steht dem Mieter unabhängig davon zu, ob die Erklärung des Vermieters wirksam ist. Kündigt der Mieter, so tritt die Mieterhöhung nicht ein.

Das vereinfachte Verfahren zur Mieterhöhung

Geringere gesetzliche Anforderungen an die Berechnung der Mieterhöhung aufgrund von Modernisierungsmaßnahmen werden im Rahmen des sog. vereinfachten Verfahrens gemäß § 559c BGB gestellt. Dieses ist allerdings nur bei kleineren Modernisierungsmaßnahmen mit maximalen Kosten von bis zu 10.000 EUR je Wohnung (brutto inkl. angefallener MwSt.) anwendbar. In diesem vereinfachten Verfahren werden als Kosten, die – hypothetisch – für sog. Erhaltungsmaßnahmen erforderlich gewesen wären (sog. hypothetische Instandhaltungs-/Instandsetzungskosten), pauschal 30 % der vom Vermieter geltend gemachten Modernisierungskosten abgezogen.

Hinweis

Unter Berücksichtigung einer maximalen jährlichen Umlage von 8 % der Kosten der Modernisierung (max. 10.000 EUR) auf den Mieter und einem Abzug von 30 % für hypothetische Instandhaltungs-/Instandsetzungskosten ergibt sich eine maximal zulässige Mieterhöhung im sog. vereinfachten Verfahren von 46,67 EUR pro Monat. Soll die Miete stärker erhöht werden, kann der Vermieter sich nicht mehr auf das vereinfachte Verfahren berufen.

Wird das vereinfachte Verfahren vom Vermieter gewählt, kann der Mieter den finanziellen Härteeinwand gemäß § 559 Abs. 4 BGB gegen die Erhöhung der Miete nicht erheben (§ 559c Abs. 1 S. 3 BGB).

Kein Herausmodernisieren

Unter dem Begriff des Herausmodernisierens versteht man den böswilligen Versuch eines Vermieters, seinen Mieter durch schikanöses Verhalten mittels der Ankündigung oder Durchführung von Modernisierungsmaßnahmen zur Beendigung des Mietverhältnisses zu veranlassen.

Nach der gesetzlichen Neuregelung in § 559d BGB zum 1.1.2019 wird daher eine Verletzung vertraglicher Pflichten des Vermieters vermutet, wenn

- mit einer baulichen Veränderung nicht innerhalb von zwölf Monaten nach deren angekündigtem Beginn oder, wenn Angaben hierzu nicht erfolgt sind, nach Zugang der Ankündigung der baulichen Veränderung begonnen wird,

- in der Ankündigung der Modernisierungsmaßnahme (gemäß § 555c Abs. 1 BGB) ein Betrag für die zu erwartende Mieterhöhung angegeben wird, durch den die monatliche Miete sich mindestens verdoppeln würde,

- die bauliche Veränderung in einer Weise durchgeführt wird, die geeignet ist, zu erheblichen und objektiv nicht notwendigen Belastungen des Mieters zu führen, oder

- die Arbeiten nach Beginn der baulichen Veränderung mehr als zwölf Monate ruhen.

Verhält sich ein Vermieter in der beschriebenen Art und Weise, wird vermutet, dass er seine vertraglichen Pflichten verletzt hat. Diese Verletzung sog. vertraglicher Nebenpflichten berechtigt den Mieter grundsätzlich zum **Schadensersatz**. Als ersatzfähige Schäden kommen – wenn etwa der Mieter aufgrund dieses Verhaltens das Mietverhältnis tatsächlich gekündigt hat und umgezogen ist – eine etwaig angefallene Maklercourtage für die Vermittlung der neuen Wohnung, Umzugskosten und der Betrag einer etwaigen Mietdifferenz (zwischen der bisherigen und der neuen Miete, sofern diese höher ist als die bisherige) in Betracht.

Nach § 6 Wirtschaftsstrafgesetz (WiStG) handelt ein Vermieter zudem ordnungswidrig, wenn er in der Absicht, einen Mieter zur Kündigung oder zur Mitwirkung an der Aufhebung des Mietverhältnisses zu veranlassen, eine bauliche Veränderung in einer Weise durchführt oder durchführen lässt, die geeignet ist, zu erheblichen, objektiv nicht notwendigen Belastungen des Mieters zu führen. Diese **Ordnungswidrigkeit** kann mit einer Geldbuße bis zu 100.000 EUR geahndet werden.

> **Tipp**
>
> Aufgrund der Komplexität der Fragen im Zusammenhang mit Modernisierungsmaßnahmen ist es für einen Mieter in jedem Fall ratsam, sobald er eine Ankündigung über eine Modernisierung erhält, sich bei einem Mieterverein oder einem spezialisierten Rechtsanwalt Rat einzuholen.

Betriebskosten

Im Mietvertrag kann vereinbart werden, dass der Mieter neben der Miete (für die bloße Überlassung einer Wohnung) auch Betriebskosten zahlt. Ohne Vereinbarung sind die Betriebskosten grundsätzlich in der Miete enthalten.

Definition Betriebskosten
Betriebskosten sind Kosten, die dem Eigentümer durch das Eigentum am Grundstück oder durch den bestimmungsmäßigen Gebrauch des Gebäudes, der Nebengebäude, Anlagen, Einrichtungen und des Grundstücks laufend entstehen (§ 556 Abs. 1 S. 2 BGB).

Im Mietvertrag kann die Umlage einzelner Betriebskosten vereinbart oder auf den Betriebskostenkatalog des § 2 Betriebskostenverordnung (BetrKV) verwiesen werden. Dann können alle darin unter Nr. 1 bis 16 genannten Betriebskosten auf den Mieter umgelegt werden. Sonstige Betriebskosten nach § 2 Nr. 17 BetrKV müssen konkret vereinbart werden.

Pauschale oder Vorauszahlung

Betriebskosten können als Pauschale umgelegt werden oder es können Vorauszahlungen vereinbart werden, über die der Vermieter am Ende des jeweiligen Abrechnungszeitraums nach den tatsächlichen Kosten abrechnen muss (§ 556 Abs. 2 S. 1 und Abs. 3 S. 1 BGB). Die Höhe der Vorauszahlungen muss angemessen sein (§ 556 Abs. 2 S. 2 BGB).

Abrechnung durch den Vermieter

Sind Vorauszahlungen vereinbart, hat der Vermieter nach § 556 Abs. 3 BGB eine Abrechnungspflicht. Die tatsächlich entstandenen Kosten des Abrechnungszeitraums sind jährlich den Betriebskostenvorauszahlungen gegenüberzustellen und der auf den Mieter entfallende Anteil zu berechnen. Bei vereinbarten Pauschalen kann der Vermieter bei gestiegenen Kosten eine Anpassung vornehmen.

Abrechnungsfrist

Die Abrechnung muss dem Mieter spätestens bis zum Ablauf des zwölften Monats nach Ende des Abrechnungszeitraums zugehen (§ 556 Abs. 3 S. 2 BGB). Danach kann der Vermieter keine Nachforderungen aus der Betriebskostenabrechnung geltend machen (**Ausschlussfrist**), es sei denn, der Vermieter hat die Verspätung nicht zu vertreten (§ 556 Abs. 3 S. 3 BGB).

Für die Abrechnung ist die Textform ausreichend, sie kann also auch per Telefax, Photokopie oder per E-Mail dem Mieter übermittelt werden oder durch Hinterlegung auf einem Mieter-Portal, z. B. auch einer Mieter-App, sofern der Zugang gesichert ist.

Formell wirksame Abrechnung

Nur eine formell wirksame Abrechnung wahrt die Abrechnungsfrist. Sie muss gedanklich und rechnerisch für einen durchschnittlich gebildeten, juristisch und betriebswirtschaftlich nicht geschulten Mieter nachvollziehbar sein und folgende Mindestangaben enthalten:

- die Angabe der Gesamtkosten (aufgeschlüsselt nach den einzelnen Betriebskosten),

- die Angabe und ggf. Erläuterung des bzw. der zugrunde gelegten Umlageschlüssel,

- die Berechnung des Anteils des Mieters und

- die Angabe zu den bzw. Abzug der Vorauszahlungen des Mieters.

Materielle Fehler führen im Regelfall nicht zur Unwirksamkeit der Abrechnung, sondern nur zur Korrektur einzelner Positionen.

Typische Fehler:
- Abrechnung nicht umlagefähiger Kosten
- offensichtliche Rechen- und Schreibfehler
- falscher Umlageschlüssel
- nicht erläuterter, sprunghafter Anstieg von Kosten
- Verstoß gegen das Wirtschaftlichkeitsgebot

Heiz- und Warmwasserkosten müssen bis auf wenige Ausnahmen nach dem ermittelten Verbrauch abgerechnet werden (§ 6 HeizKV).

Prüfung der Abrechnung

Die Betriebskostenabrechnung ist auf inhaltliche Fehler zu überprüfen, insbesondere sind folgende Punkte zu beachten:

- Sind einzelne Kosten korrekt den Kostenpositionen zugeordnet?
- Betreffen die Betriebskosten ausschließlich das Mietobjekt?
- Sind die Betriebskosten tatsächlich entstanden? (ggf. Einsichtnahme in die Rechnungen und Belege beim Vermieter)
- Sind die abgelesenen Verbrauchswerte korrekt erfasst?
- Ist der Umlageschlüssel richtig? (Mindestens zu 50 % verbrauchsabhängige Abrechnung der Heiz- und Warmwasserkosten, korrekte Wohnfläche oder sonstiger Umlageschlüssel wie vereinbart?)
- Vergleich der Betriebskosten mit dem üblichen Niveau, z. B. anhand Betriebskostenspiegel
- Vergleich der Betriebskosten mit Vorjahreswerten
- umlagefähige Eigenleistungen des Vermieters in angemessener bzw. marktüblicher Höhe?

Verwaltungskosten sowie Instandhaltungs- und Instandsetzungskosten sind keine Betriebskosten (§ 1 Abs. 2 BetrKV) und dürfen nicht auf den Mieter umgelegt werden. Nicht umlagefähige Anteile von Kostenpositionen sind ggf. herauszurechnen.

Werden die Kosten der Versorgung mit Wärme oder Warmwasser entgegen den Vorschriften der Heizkostenverordnung nicht verbrauchsabhängig abgerechnet, hat der Mieter das Recht, den auf ihn entfallenden Kostenanteil um 15 % zu kürzen.

Einwendungen gegen die Abrechnung

Konkrete Einwände gegen die Abrechnung muss der Mieter spätestens bis zum Ablauf des 12. Monats nach Zugang der Abrechnung erheben (§ 556 Abs. 3 S. 5 BGB). Nach Ablauf dieser Frist kann er keine Einwände mehr geltend machen, es sei denn, er hat die verspätete Geltendmachung nicht zu vertreten.

> **Tipp**
>
> Ohne eine Einsicht in die Abrechnungsunterlagen (Belege, Rechnungen, Verträge und ggf. auch die Verbrauchswerte anderer Mieter) ist es kaum möglich, qualifizierte inhaltliche Einwendungen gegen eine Betriebskostenabrechnung zu erheben, wenn der Fehler nicht schon aus der Betriebskostenabrechnung selbst erkennbar ist.

Der Mieter darf sich bei der **Einsicht in die Abrechnungsunterlagen** Notizen machen oder die Belege abschreiben. Zulässig ist auch das Abfotografieren, Einscannen oder Kopieren. Um die Einsichtnahme muss der Mieter sich aktiv bemühen, d. h. einen Termin am Sitz des Vermieters bzw. der Hausverwaltung vereinbaren – bei weiter Entfernung auch am Ort des Mietobjekts. Der Mieter darf Einsicht in die Originalunterlagen verlangen. Er hat aber keinen Anspruch auf Übersendung von Kopien der Belege. Hierauf hat er nur ausnahmsweise einen Rechtsanspruch, wenn die Einsichtnahme der Originalunterlagen nicht zumutbar ist, beispielsweise aufgrund großer Entfernung.

Verweigert der Vermieter die Belegeinsicht, kann der Mieter diese vor Gericht einklagen. Daneben hat er das Recht, die laufenden Betriebskostenvorauszahlungen zunächst zurückzubehalten. Solange der Vermieter die Belegeinsicht verweigert, kann er keine Nachzahlung aus der Abrechnung verlangen.

Einwände wegen zu hoher Kosten

Der Vermieter hat bei den Betriebskosten, deren Höhe er beeinflussen kann (das ist nicht der Fall bei öffentlichen Abgaben, z. B. Grundsteuer, Niederschlagswasser, Straßenreinigungsentgelten), das **Wirtschaftlichkeitsgebot** zu beachten.

Bei einer mangelhaften Ausführung von Leistungen (z. B. durch den Hausmeister, Hausreinigung usw.) reicht es nicht aus, den Einwand erstmals bei der Prüfung der Betriebskostenabrechnung zu erheben. Vielmehr ist der Mieter gehalten, den Vermieter unverzüglich über mangelhafte Leistungen in Kenntnis zu setzen, damit dieser gegenüber den Dienstleistern Gewährleistungsrechte geltend machen und insbesondere die Zahlungen mindern kann.

Will der Mieter gegen unangemessen hohe Kosten vorgehen, genügt es nicht, diese bloß als „unwirtschaftlich" oder „zu hoch" zu rügen. Auch der Vergleich mit örtlichen Betriebskostenspiegeln reicht nicht aus bzw. kann allenfalls ein Anhaltspunkt für überhöhte Kosten ein. Der Einwand überhöhter Kosten kann effektiv nur dadurch vorgebracht werden, dass der Mieter selbst gleichwertige und günstigere Alternativangebote einholt und vorlegt. Auch hierfür ist die vorherige Einsicht in die Belege, insbesondere die zugrunde-liegenden Verträge, unabdingbar.

Beendigung des Mietvertrages

Haben die Parteien keine bestimmte Mietzeit vereinbart (ein Zeitmietvertrag ist nur bei Angabe eines Befristungsgrundes, z. B. späterer Eigenbedarf des Vermieters, zulässig) besteht das Mietverhältnis auf unbestimmte Zeit. Ein unbefristeter Mietvertrag wird durch eine wirksame Kündigung zum Ablauf der Kündigungsfrist beendet.

Einen Wohnraummietvertrag, der auf unbestimmte Zeit geschlossen wurde, kann jede Mietpartei nach den gesetzlichen Vorschriften kündigen. Zu unterscheiden ist zwischen der **ordentlichen Kündigung**, die nach Ablauf der gesetzlichen oder vertraglichen Kündigungsfrist wirksam wird, und der **außerordentlichen (fristlosen) Kündigung**.

Form der Kündigung

Die Kündigung des Mietvertrages muss zwingend schriftlich erfolgen, d. h. sie muss eigenhändig unterschrieben werden. Bei Mieter- oder Vermietermehrheit muss die Kündigung von allen erklärt bzw. gegenüber allen ausgesprochen werden.

Für die Kündigung durch den Mieter muss kein Kündigungsgrund angegeben werden. Der Vermieter kann das Mietverhältnis nur ordentlich kündigen, wenn er an der Beendigung des Mietverhältnisses ein berechtigtes Interesse hat, § 573 Abs. 3 BGB.

Berechtigtes Interesse des Vermieters

Das berechtigte Interesse des Vermieters muss in der Kündigung dargelegt und ggf. bewiesen werden.

Ein berechtigtes Interesse liegt insbesondere vor bei

- schuldhafter erheblicher Verletzung vertraglicher Pflichten,
- Eigenbedarf des Vermieters oder
- Hinderung an einer angemessenen wirtschaftlichen Verwertung des Grundstücks.

Schuldhafte Vertragspflichtverletzung

In Betracht kommt die Verletzung einer Vielzahl vertraglicher Pflichten des Mieters:

- vertragswidriger Gebrauch
- Zahlungsverzug und Zuspätzahlung der Miete
- Zugangsverweigerung zur Mietsache
- verweigerte Duldung notwendiger Instandhaltungsarbeiten in der Wohnung
- Störung des Hausfriedens u. a. m.

Bei mehreren Mietern reicht eine Vertragspflichtverletzung durch einen (Mit-)Mieter aus. Für das Verhalten seiner Mitbewohner oder Besucher hat der Mieter einzustehen.

Eine Pflichtverletzung des Mieters muss schuldhaft sein, also vorsätzlich oder fahrlässig. Bei einer Kündigung wegen Zahlungsverzugs kann sich der Mieter etwa auf unvorhersehbare wirtschaftliche Engpässe berufen. Eine nachträgliche Zahlung des Mieters kann zu seinen Gunsten berücksichtigt werden.

Unerlaubte Untervermietung

Die Überlassung der Mietsache an Dritte ohne vorherige Zustimmung des Vermieters kann eine Kündigung des Mietverhältnisses rechtfertigen. Im Einzelfall kann der Mieter gegenüber dem Vermieter aber auch einen Anspruch auf eine Zustimmung zur Untervermietung haben. Dies kommt etwa dann in Betracht, wenn der Mieter eine andere, ggf. nahestehende Person in seine Wohnung aufnehmen will (z. B. Familienmitglieder) oder wenn er weniger Platz als ursprünglich benötigt oder einem Untermieter zur Reduzierung der Mietbelastung ein Zimmer überlässt. Keinen Anspruch hat der Mieter aber darauf, die gesamte Mietsache einem Dritten zu überlassen und dabei die Wohnung selbst nicht mehr zu nutzen. Verstößt der Mieter gegen die Verpflichtung, die Untervermietung vorher genehmigen zu lassen, geschieht die Überlassung an Dritte unerlaubt und stellt einen zur Kündigung berechtigenden vertragswidrigen Gebrauch der Mietsache dar.

Vermietung an Touristen

Häufig kommt es – insbesondere in Städten – zu einer Untervermietung der Wohnung in Form der Überlassung an Touristen. Selbst bei einer generellen Untermieterlaubnis, wie sie häufig in Altmietverträgen zu finden ist, stellt diese Art der Wohnungsnutzung eine so schwerwiegende Pflichtverletzung dar, die nicht nur eine ordentliche, sondern auch eine fristlose Kündigung rechtfertigt. Zahlreiche Städte haben sog. **Zweckentfremdungsverbote** zum Erhalt des Wohnungsbestandes und zur Vermeidung von Wohnungsnot erlassen. Diese richten sich nicht nur an den Vermieter, sondern an jeden anderen Verfügungsberechtigten. Dem

Mieter können insoweit nicht mehr Rechte zustehen als dem Vermieter. Zudem stellt ab einem gewissen Umfang die Überlassung einer Wohnung an Touristen eine gewerbsmäßige Nutzung dar, die dem vertragsgemäßen Zweck des Mietvertrages (Wohnzwecke des Mieters) zuwiderläuft.

Eigenbedarf

Wenn der Vermieter die Wohnung für sich selbst bzw. Angehörige seiner Familie benötigt, besteht der sog. Eigenbedarf. Der Vermieter kann das Mietverhältnis dann mit der gesetzlichen Frist kündigen. Der Eigenbedarf muss nach Abschluss des Mietvertrages entstanden sein und muss bis zu dem Zeitpunkt, in dem die Kündigung wirksam wird, noch vorliegen. Der Vermieter benötigt ernsthafte, vernünftige und nachvollziehbare Gründe für die Nutzung der Wohnung, z. B. als neue Hauptwohnung, aber auch als Zweitwohnung oder nur für eine begrenzte Zeit. Eine missbräuchliche Geltendmachung oder ein nicht nachvollziehbarer übermäßiger Bedarf scheiden aus. Es genügt aber auch, wenn der Vermieter plausibel schildert, dass er ein konkretes Interesse an einer alsbaldigen Nutzung der Wohnung besitzt. Dies hat er im Bestreitensfall (im Räumungsprozess) zu beweisen.

Die Berufung auf Eigenbedarf kann rechtsmissbräuchlich sein, wenn der Vermieter die Wohnung auf unbestimmte Zeit vermietet, obwohl er entschlossen ist oder zumindest erwägt, sie demnächst selbst in Gebrauch zu nehmen. Dem Mieter, der mit einer längeren Mietzeit rechnet, ist ein Auszug dann nicht zuzumuten, wenn er über die von vornherein bestehende Absicht des Vermieters und die Aussicht einer begrenzten Mietdauer nicht aufgeklärt wurde.

Verwertungskündigung

Der Vermieter kann das Mietverhältnis auch beenden, wenn er durch die Fortsetzung des Mietverhältnisses an einer angemessenen wirtschaftlichen Verwertung des Grundstücks gehindert ist und dadurch erhebliche Nachteile erleiden würde.

Wenn der Vermieter eine anderweitige wirtschaftliche Verwertung ernsthaft beabsichtigt, kann dies zu einem berechtigten Interesse an der Beendigung des Mietverhältnisses durch den Vermieter führen.

Beispiele einer alternativen wirtschaftlichen Nutzung sind Abriss und Neubau, Verkauf und die anderweitige Nutzungsüberlassung (Vermietung). Gegenüber der anderweitigen Nutzung des Grundstücks muss der Vermieter durch den Fortbestand des Mietverhältnisses erhebliche (wirtschaftliche) Nachteile erwarten. Dies führt aber nicht zu einem Anspruch auf Gewinnoptimierung oder Mehrerlöse.

Kündigungsbeschränkung

Der Wohnraummieter ist für mindestens 3 Jahre vor Eigenbedarfs- und Verwertungskündigungen geschützt, wenn die Mietsache nach der Überlassung an den Mieter in Wohnungseigentum umgewandelt und als Eigentumswohnung veräußert wird. Diese Beschränkung gilt auch bei der Veräußerung der vermieteten Wohnung an eine Personengesellschaft (z. B. GbR) oder an mehrere Erwerber, es sei denn, diese gehören derselben Familie oder demselben Haushalt an. Parallel dazu hat der Mieter ein **Vorkaufsrecht** bei Umwandlung in Wohnungseigentum und (erstmaligem) Verkauf der Wohnung.

Die Kündigungssperre kann durch Landesverordnung auf 10 Jahre erweitert werden, wenn der örtliche Wohnungsmarkt Versorgungsengpässe aufweist.

Erfasst sind nur die Fälle, in denen die Umwandlung nach der Überlassung der Wohnung an den Mieter erfolgt. Keine Wartefrist ist daher einzuhalten, wenn die Wohnung bereits vor der Überlassung an den Mieter in Wohnungseigentum war.

Die **Kündigungssperrfrist** (mindestens 3, ggf. bis zu 10 Jahre) beginnt mit der Veräußerung des Wohnungseigentums zu laufen. Maßgeblich ist nicht der Zeitpunkt des Abschlusses des Kaufvertrages oder des darin vereinbarten Nutzen-Lasten-Wechsels, mit dem die Parteien des Kaufvertrages den Eintritt des Erwerbers in die Rechte und Pflichten des Mietverhältnisses vereinbaren, sondern erst der Vollzug des Kaufvertrages durch Eintragung des Erwerbers als neuen Eigentümer im Grundbuch.

Die Sperrfrist für die Kündigung endet taggenau. Bis zum Ablauf der Schutzfrist ist keine Kündigung des Vermieters zulässig. Maßgeblich ist der Zeitpunkt des Zugangs der Kündigung beim Mieter.

Die Bundesländer haben durch Rechtsverordnungen davon Gebrauch gemacht, die 3-jährige Mindestfrist des § 577a BGB auf 5 Jahre, teilweise 8 Jahre oder auf 10 Jahre für bestimmte, besonders genannte Gemeinden zu erweitern, in denen die ausreichende Versorgung der Bevölkerung mit Mietwohnungen zu angemessenen Bedingungen besonders gefährdet ist.

Kündigungsfrist

Für den Wohnungsmieter besteht – unabhängig von der Dauer des Mietverhältnisses – stets eine (ungefähr) 3-monatige Frist zur Kündigung des Mietverhältnisses. Es besteht eine Karenzfrist von 3 Werktagen. Die Kündigung muss der anderen Seite bis zum 3. Werktag eines Monats zugehen und wirkt dann zum Ablauf des übernächsten Monats.

Für eine Kündigung des Vermieters verlängert sich die Kündigungsfrist nach 5 Jahren und nach 8 Jahren ab Überlassung der Mietsache um jeweils weitere 3 Monate. Im längsten Fall beträgt die Frist also ca. 9 Monate.

Rechtzeitiger Zugang der Kündigung: 3. Werktag

Die Kündigung muss der anderen Vertragsseite bis spätestens zum 3. Werktag eines Monats zugehen. Samstage gelten als Werktag und werden daher mitgezählt, allerdings nicht, soweit sie auf den Tag fallen, bis zu dem die Kündigung erklärt werden muss.

> *Beispiel*
> *1. Mai: Donnerstag (gesetzlicher Feiertag)*
>
> *2. Mai: Freitag (= 1. Tag der Karenzfrist)*
>
> *3. Mai: Samstag (= 2. Tag der Karenzfrist)*
>
> *4. Mai: Sonntag (zählt nicht mit)*
>
> *5. Mai: Montag (= 3. Werktag des Monats)*
>
> *Im Beispielsfall muss die Kündigung dem anderen Teil bis zum 5. Mai zugehen.*

Widerspruch wegen Härtegründen

Der Mieter hat das Recht, einer ordentlichen Kündigung oder einer außerordentlichen Kündigung mit gesetzlicher Frist zu widersprechen und die Fortsetzung des Mietverhältnisses zu verlangen, wenn das Ende des Mietverhältnisses für ihn eine besondere Härte bedeuten würde. Bei einer außerordentlichen fristlosen Kündigung kann sich der Mieter allerdings nicht auf Härtegründe berufen.

Die Vertragsbeendigung muss für den Mieter eine Härte bedeuten, die nicht zu rechtfertigen ist.

Definition Härtegründe
Unter einer Härte sind alle wirtschaftlichen, gesundheitlichen, finanziellen oder persönlichen Nachteile zu verstehen, die durch die Beendigung des Mietvertrages auftreten können.

Berücksichtigt werden Nachteile für den Mieter, seine Familie oder andere Angehörige seines Haushalts. Bei mehreren Mietern reicht ein Härtegrund in der Person eines Mitmieters aus.

Die Nachteile müssen so schwerwiegend sein, dass sie nicht zu rechtfertigen sind. Die üblichen kündigungstypischen Belastungen, beispielsweise Mühe und Kosten der Wohnungssuche und des Umzugs, der Herrichtung der neuen Wohnung usw. müssen aber hingenommen werden.

Einzelfälle

Fehlender Ersatzwohnraum stellt bereits nach dem Gesetz (§ 574 Abs. 2 BGB) ein Beispiel für einen Härtegrund dar. Voraussetzung ist aber, dass der Mieter alle erforderlichen und zumutbaren Maßnahmen ergreift, um eine Ersatzwohnung bis zum Ablauf der Kündigungsfrist zu beschaffen. Schwierigkeiten können sich insbesondere aus der finanziellen Leistungsfähigkeit des Mieters und der Situation auf dem Wohnungsmarkt ergeben.

Das **Alter des Mieters** stellt für sich allein keine Härte dar, allerdings bei Hinzutreten typischer altersbedingter Schwierigkeiten, insbesondere Krankheiten, wenn sich der Gesundheitszustand oder die allgemeine Lebenssituation des Mieters durch den Umzug erheblich verschlechtern würden. Aus dem hohen Alter und altersbedingten Einschränkungen können sich auch persönliche Schwierigkeiten bei der Suche nach einer Ersatzwohnung ergeben.

Schwere Erkrankungen des Mieters oder eine **Behinderung** können ebenfalls die Annahme einer unzumutbaren Härte rechtfertigen, insbesondere wenn die ernsthafte Gefahr einer erheblichen gesundheitlichen Verschlechterung besteht.

In einer späteren Phase einer **Schwangerschaft** können die damit verbundenen Erschwernisse bei der Suche nach einer Ersatzwohnung und die allgemeinen physischen und psychischen Belastungen als besondere Härte angesehen werden. Dies gilt auch unmittelbar nach der Niederkunft.

Gegen zu berücksichtigende Härtegründe des Mieters sind Interessen des Vermieters an der Vertragsbeendigung abzuwägen. Diese müssen sich aus den im Kündigungsschreiben angegebenen Gründen für die Kündigung ergeben.

Fortsetzung des Mietverhältnisses

Je nachdem, welche Härtegründe vorliegen, kann der Mieter eine angemessen lange Fortsetzung des Mietverhältnisses verlangen, unter Umständen auch auf unbestimmte Zeit, sofern nicht absehbar ist, wann die Härtegründe voraussichtlich wegfallen.

Form und Frist des Widerspruchs

Der Mieter muss den Widerspruch gegen die Kündigung schriftlich bis spätestens 2 Monate vor der Beendigung des Mietverhältnisses erklären. Diese Frist gilt allerdings nur, wenn der Vermieter den Mieter (z. B. im Kündigungsschreiben) auf Form und Frist hingewiesen hat. Sonst kann der Mieter den Widerspruch noch im 1. Termin eines Räumungsrechtsstreits erklären.

Außerordentliche fristlose Kündigung aus wichtigem Grund

In besonders schwerwiegenden Fällen einer Pflichtverletzung kann ein wichtiger Grund vorliegen, der jede Partei zur außerordentlichen fristlosen Kündigung des Mietverhältnisses berechtigt. Ein solcher ist anzunehmen, wenn dem Kündigenden die Fortsetzung des Vertrages bis zum Ablauf einer Kündigungsfrist oder einem vereinbarten Ende des Mietverhältnisses nicht zugemutet werden kann. Dabei werden die Umstände des Einzelfalls betrachtet, worunter beispielsweise die bisherige Dauer und der Verlauf des Mietverhältnisses, die Art und das Ausmaß der Störung sowie deren Auswirkungen und Wiederholungsgefahr fallen. Schließlich sind die Interessen beider Vertragsparteien gegeneinander abzuwägen.

Wichtige Gründe zur Kündigung für den Vermieter

- fortdauernde unpünktliche Mietzahlung
- Nichtzahlung der Kaution
- Störungen und Belästigungen von Mitmietern
- Straftaten in der Wohnung
- ruhestörender Lärm
- exzessives Rauchen
- verbotene Tierhaltung
- tätliche Auseinandersetzungen zwischen Mietern
- vertragswidriger Gebrauch, insbesondere unerlaubte Untervermietung
- unzutreffende Angaben des Mieters vor Abschluss des Mietvertrages

(Aufstellung nicht abschließend)

Wichtige Gründe zur Kündigung für den Mieter

- unerlaubtes Betreten der Mietsache durch den Vermieter
- erhebliche Mängel
- unzutreffende Behauptungen des Vermieters
- Belästigungen des Vermieters

- gesundheitsgefährdende Mängel
- Nichtgewährung des Mietgebrauchs

Darunter fallen beispielsweise Fälle erheblicher Mängel, baurechtliche Unzulässigkeit der Wohnungsnutzung, Verweigerung der Erlaubnis zur Untervermietung trotz Anspruchs des Mieters und erhebliche Minusabweichung der Mietfläche (über 10 %).

Kündigung wegen Zahlungsverzugs

Ein erheblicher Zahlungsrückstand mit der laufenden Miete berechtigt den Vermieter zur fristlosen Kündigung des Mietverhältnisses. Der Verzug muss sich auf die laufende Miete und die zu zahlenden Nebenkosten beziehen. Allein der Verzug mit der Nachzahlung aus der jährlichen Betriebskostenabrechnung rechtfertigt keine fristlose Kündigung nach § 543 Abs. 3 S. 1 Nr. 3 BGB.

Das Gesetz kennt zwei Fälle erheblicher Mietrückstände:

Zwei aufeinanderfolgende Termine

Befindet sich der Mieter an zwei aufeinanderfolgenden Terminen mit der Zahlung der Miete in Verzug, ist eine fristlose Kündigung möglich, wenn der Rückstand nicht unerheblich ist. Dies ist der Fall, wenn er mehr als eine Monatsmiete beträgt.

Rückstand über mehr als zwei Termine

Besteht ein Verzug mit der Mietzahlung über mehr als zwei Zahlungstermine, dann besteht ein fristloser Kündigungsgrund, wenn der Gesamtbetrag der Rückstände zwei Monatsmieten erreicht.

Ein Verzug mit der Mietzahlung liegt bereits vor, wenn diese nicht zu dem im Vertrag vereinbarten oder im Gesetz festgelegten Fälligkeitstermin (3. Werktag eines jeden Monats) pünktlich gezahlt wird. Für seine Leistungsfähigkeit hat der Mieter verschuldensunabhängig einzustehen. Anders als bei der ordentlichen Kündigung spielen daher bei der fristlosen Kündigung wegen Zahlungsverzuges nach § 543 Abs. 2 S. 1 Nr. 3 BGB die persönlichen Umstände des Mieters oder Zumutbarkeitserwägungen keine Rolle

Die Kündigung wegen Zahlungsverzuges ist allerdings ausgeschlossen, wenn der Vermieter vorher befriedigt wird. Die Kündigung wird erst mit ihrem Zugang wirksam. Zahlt der Mieter in der Zwischenzeit den Rückstand (vollständig), so entfaltet die danach zugehende Kündigung von vornherein keine Wirkung.

Solange bei Zugang der Kündigung der kündigungsbegründende Rückstand jedenfalls zu einem Teil noch besteht, ist die Kündigung gerechtfertigt und beendet das Mietverhältnis in dem Zeitpunkt, in dem sie den Mieter erreicht.

Heilung der Kündigung: Schonfrist

Der Mieter hat allerdings die Möglichkeit, die Kündigung durch **Nachzahlung** aller Rückstände, einschließlich der weiteren laufenden Mieten, zu heilen und damit unwirksam zu machen, § 569 Abs. 3 Nr. 2 BGB. Dies kann bis 2 Monate nach Rechtshängigkeit einer Räumungsklage des Vermieters erfolgen (Zustellung der Klage beim Mieter) und ist damit stets auch möglich, bevor der Vermieter überhaupt eine Klage auf Räumung der Wohnung eingereicht hat. Diese Heilungsmöglichkeit besteht allerdings nur einmal in 2 Jahren.

Kündigungsvoraussetzung: Abmahnung

Die Kündigung aus wichtigem Grund wegen einer Pflichtverletzung aus dem Mietverhältnis ist in der Regel nur dann zulässig, wenn dem anderen Teil vorher erfolglos eine angemessene Abhilfefrist oder eine Abmahnung erklärt worden ist, § 543 Abs. 3 S. 1 BGB. Lediglich im Falle der Kündigung wegen Zahlungsverzuges (§ 543 Abs. 2 S. 1 Nr. 3 BGB) bedarf es keiner vorherigen Abmahnung.

Der anderen Seite soll Gelegenheit gegeben werden, das beanstandete Verhalten zu ändern oder den vertragswidrigen Zustand abzustellen.

> **Hinweis**
>
> Der anderen Seite ist eine angemessene Frist zur Abhilfe zu setzen. Wird die Frist zu kurz bemessen, macht dies die Aufforderung aber nicht unwirksam. Sie ist dennoch zu beachten und die zu kurz bemessene Frist wird automatisch in eine ausreichend lange Frist umgedeutet.

> *Beispiel*
> *Es wird eine zu kurze Frist gesetzt, um einen Verstoß abzu-*
> *stellen oder eine Störung zu beseitigen, z. B. nur 5 Tage. Tat-*
> *sächlich würde aber jeder durchschnittliche Betroffene dafür*
> *3 Wochen benötigen. Dann gilt diese angemessene (3-wö-*
> *chige) Frist und Folgen können erst nach Ablauf dieser Frist*
> *hergeleitet werden, z. B. eine Kündigung bei Nichtbefolgen.*

Eine Fristbestimmung oder Abmahnung ist nach § 543 Abs. 3 S. 3 BGB nicht erforderlich, wenn sie offensichtlich keinen Erfolg verspricht. Das ist der Fall, wenn bereits ein unumkehrbarer Zustand geschaffen worden ist, wenn eine Vertragspartei ausdrücklich oder eindeutig es ernsthaft und endgültig abgelehnt hat, eine noch andauernde Pflichtverletzung einzustellen oder künftig zu unterlassen oder ein Mangel der Mietsache nicht oder nicht in angemessener Zeit oder nur mit unzumutbarem Aufwand beseitigt werden kann.

Läuft die gesetzte Frist ab oder kommt es nach einer Abmahnung zu einem erneuten – gleichartigen – Verstoß oder wird ein Verstoß nicht abgestellt, kann die fristlose Kündigung des Mietverhältnisses erklärt werden.

Wird eine fristlose Kündigung ohne vorherige Abmahnung erklärt, kann diese aber in eine Abmahnung umgedeutet werden. Wird sodann – bei anhaltendem oder erneutem Verstoß – gegebenenfalls im anschließenden Räumungsprozess erneut gekündigt, führt jedenfalls diese Kündigung zur Beendigung des Mietverhältnisses.

Mit der Kündigung aus wichtigem Grund darf nicht zu lange zugewartet werden. Zwar gibt es für die Kündigung keine feste Frist. Sie ist aber angemessene Zeit nach dem kündigungsbegründenden Verstoß zu erklären, § 314 Abs. 3 BGB. Eine verspätet erklärte Kündigung ist unwirksam.

Ende des Mietverhältnisses/
Rechte und Pflichten bei Auszug

Endet das Mietverhältnis und zieht der Mieter aus der gemieteten Wohnung aus, stellen sich noch einige weitere Fragen für den Mieter.

So ist zu bedenken, in welchem Zustand er die Wohnung zurückgeben, ob er verursachte Schäden beseitigen muss und ob er zu Schönheitsreparaturen verpflichtet ist. Hat er am Mietobjekt auf eigene Kosten Maßnahmen vorgenommen, die zu Verbesserungen geführt haben, ist fraglich, ob er hierfür ggf. Ersatz verlangen und ob er Einbauten wieder entfernen darf bzw. muss. Zudem wird den Mieter interessieren, wann er eine geleistete Kaution bzw. ggf. eine andere Mietsicherheit vom Vermieter zurückverlangen kann.

Zustand der Wohnung nach Räumung

Nach § 546 Abs. 1 BGB ist der Mieter verpflichtet, die Mietsache nach Beendigung des Mietverhältnisses zurückzugeben und die gemietete Immobilie zu räumen. Er muss also den vertragsgemäßen Zustand herstellen und die Wohnung samt aller Wohnungsschlüssel dem Vermieter übergeben.

Die Wohnung muss in dem Zustand zurückgegeben werden, in dem sie sich bei Übernahme durch den Mieter befand. Dies gilt allerdings nicht für Veränderungen und Verschlechterungen, die durch den sog. vertragsgemäßen Gebrauch eingetreten sind (§ 538 BGB). Auch deshalb empfiehlt es sich für den Mieter, den Zustand der Mietsache sowie Inhalt und

Umfang der Mieterpflichten im Übernahmeprotokoll bei Einzug festzuhalten.

Der Mieter muss alle Gegenstände, die er in die Wohnung eingebracht hat, sowie sonstige Einrichtungen wieder entfernen. Er ist grundsätzlich verpflichtet, Ein- und Umbauten wieder rückzubauen und sonstige Verschlechterungen der Mietsache zu beseitigen und Schäden zu beheben, soweit es sich nicht um Abnutzungserscheinungen handelt, die sich aus dem üblichen Gebrauch einer Mietwohnung ergeben.

Nach § 538 BGB muss der Mieter solche normalen Gebrauchsspuren nicht beseitigen, es sei denn im Mietvertrag wurde ausdrücklich eine andere Vereinbarung getroffen, etwa durch Überwälzung der **Schönheitsreparaturen** auf den Mieter (dazu siehe S. 44 ff. Schönheitsreparaturen). Fehlt eine solche vertragliche Vereinbarung, ist die Mietsache in einem ordnungsgemäßen Zustand zurückzugeben, die Wohnung also auch zu reinigen.

Die Reinigungspflicht besteht im Übrigen auch bereits während des Mietverhältnisses als Dauerverpflichtung. Dabei ist das Mietobjekt in besenreinem Zustand zurückzugeben. Räume sind auszufegen und Teppichböden mit dem Staubsauger zu reinigen. Grobe Verunreinigungen auf Böden, Wänden oder Decken sind ebenfalls zu entfernen, Heizkörper, Fensterrahmen, Türen und Sanitäranlagen sind abzuwischen. Eine Reinigung der Fenster kann allerdings nicht verlangt werden (BGH Urt. v. 28.6.2006 – VIII ZR 124/05).

Der Mieter ist ferner verpflichtet sog. Einrichtungen zu entfernen (zur Definition des Begriffs Einrichtungen siehe S. 53).

Hat der Vermieter zugestimmt, dass eine Einrichtung, die der Mieter angebracht hat, in der Wohnung verbleiben darf, ist eine Entfernung selbstverständlich nicht erforderlich. Gleiches gilt, wenn es sich um Einrichtungen handelt, die sich bei Mietbeginn bereits in der Wohnung befanden. Hierbei kommt es nicht darauf an, ob sie vom Vormieter, Vermieter oder einem sonstigen Dritten in die Wohnung eingebracht wurden.

Dem Mieter steht nach § 539 Abs. 2 BGB gleichzeitig ein Anspruch zu, eine Einrichtung wieder wegzunehmen, mit der er die Mietsache versehen hat. Hat er eine solche Einrichtung bei Rückgabe der Mietsache allerdings versehentlich in der Wohnung zurückgelassen, kann er die Herausgabe nur innerhalb einer Frist von 6 Monaten nach der rechtlichen Beendigung des Mietverhältnisses geltend machen; auf den tatsächlichen Zeitpunkt des Auszugs kommt es insoweit nicht an.

Ferner ist der Mieter vor Rückgabe der Wohnung zur Beseitigung von Bauten bzw. Umbauten verpflichtet.

Definition Bauten und Umbauten

Bauten bzw. Umbauten umfassen alle Veränderungen des Mietobjekts, die nicht durch bloßes Wegschaffen zerstörungsfrei entfernt bzw. beseitigt werden können und nicht durch Beschädigung oder Abnutzung entstanden sind. Zu Umbauten gehören beispielsweise der Einbau zusätzlicher Fenster oder Trennwände, Wanddurchbrüche oder fest verklebte Bodenbeläge. Unter dem Begriff Bauten werden erstmals errichtete Gebäude, Gebäudeteile (beispielsweise Anbauten) oder sonstige bauliche Anlagen wie beispielsweise Zäune verstanden.

Hinterlässt der Mieter nach Auszug einige Gegenstände in der Wohnung oder ist die Wohnung aus anderen Gründen – etwa aufgrund nicht durchgeführter Schönheitsreparaturen – nicht im vertragsgemäßen Zustand, so darf der Vermieter die Rücknahme der Wohnung nicht verweigern, sondern ist nach der Rechtsprechung des BGH auf die Geltendmachung von entsprechenden Schadensersatzansprüchen beschränkt (BGH Urt. v. 10.1.1983 – VIII ZR 304/81).

Beseitigung von Schäden, Schönheitsreparaturen

Der Mieter ist zudem verpflichtet, Schäden, die er an der Mietsache schuldhaft selbst herbeigeführt hat oder die ihm zumindest zuzurechnen sind, zu beseitigen. Dies gilt nur dann nicht, wenn es sich um reine Abnutzungserscheinungen handelt, die durch den üblichen Gebrauch der Mietsache entstanden sind und für die der Mieter nach § 538 BGB nicht einzustehen hat.

Hat der Mieter vertraglich wirksam Instandhaltungs- und Instandsetzungspflichten übernommen, so hat er diese – ggf. am Vertragsende – zu erfüllen. Hierzu gehören auch Schönheitsreparaturen (hierzu siehe bereits S. 44 ff. Schönheitsreparaturen).

Hat der Mieter während der Mietzeit die Wohnung in ungewöhnlichen bzw. ausgefallenen Farben gestrichen, ist er bei Mietende in jedem Fall wegen Verletzung von Rücksichtnahmepflichten zur Renovierung verpflichtet, wenn er die Wohnung in neutraler Dekoration übernommen hatte. Diese Pflicht gilt also unabhängig von der Frage, ob er sich im Mietvertrag zu Schönheitsreparaturen verpflichtet hatte. Denn der Vermieter hat vor dem Hintergrund einer beabsichtigten Weitervermietung regelmäßig ein Interesse daran, die Wohnung am Ende des Mietverhältnisses mit einer Dekoration zurückzuerhalten, die von möglichst vielen Mietinteressenten akzeptiert wird. Der Mieter ist daher nach der Rechtsprechung nach Treu und Glauben gehalten, eine von ihm angebrachte ungewöhnliche Dekoration bei Rückgabe der Wohnung wieder zu beseitigen (BGH Urt. v. 6.11.2013 – VIII ZR 416/12).

Ersatz für Verbesserungen des Mietobjekts

Hat der Mieter Aufwendungen auf die Mietsache gemacht, die zu einer Verbesserung des Mietobjekts geführt haben, kann dem Mieter ggf. ein Ersatzanspruch für diese Maßnahmen zustehen.

Definition Aufwendungen
Aufwendungen sind Vermögensaufwendungen, die der Sache dauerhaft zugutekommen, indem sie ihrer Wiederherstellung, Erhaltung oder Verbesserung dienen bzw. die sich auf das Aussehen, die Wirkungsweise, die Brauchbarkeit oder die Haltbarkeit der Mietsache günstig auswirken und in Geld, Sach- oder Arbeitsleistungen erbracht werden können.

Beispiele für entsprechende Aufwendungen seitens des Mieters sind etwa die Verlegung neuer Fußböden, der Einbau einer Heizung oder eines Bades oder die Erneuerung von Fliesen in Küche oder Bad.

Maßgeblich für die Frage, ob der Mieter Ersatz für solche Aufwendungen verlangen kann, ist primär, ob entsprechende Vereinbarungen zwischen Mieter und Vermieter getroffen wurden. Fehlt es an einer solchen Vereinbarung, ist zu differenzieren:

Bei sog. **Luxusaufwendungen** handelt es sich um solche Aufwendungen, die letztlich für den Vermieter zu keiner Wertsteigerung der Immobilie führen, etwa weil ein Bauteil nur durch ein gleichartiges, nur beispielsweise in Farbe oder Design verschiedenes Teil ersetzt wird. Bei solchen Aufwendungen steht dem Mieter grundsätzlich kein Ersatzanspruch zu.

Bei sog. **nützlichen Aufwendungen**, also solchen Aufwendungen, die den Verkehrswert der Mietsache objektiv steigern, kann hingegen ein Ersatzanspruch in Betracht kommen:

Voraussetzung ist, dass der Mieter bei Vornahme der Arbeiten den Willen hatte, gerade für den Vermieter, zumindest aber auch für den Vermieter tätig zu werden. Dieser sog. Fremdgeschäftsführungswille fehlt allerdings bei einem Mieter, der Verwendungen nur zu eigenen Zwecken und in eigenem Interesse durchführt (BGH Urt. v. 16.9.1998 – XII ZR 136–96). Dies ist etwa der Fall, wenn der Mieter Maßnahmen zur reinen Verschönerung der Mietsache durchführt oder um die Mietsache nach seinem persönlichen Geschmack und nach seinen individuellen Wünschen herzurichten, wenn er also etwa bei einem gemieteten Einfamilienhaus den Garten umgestaltet (BGH Urt. v. 13.6.2007 – VIII ZR 387/04).

Ferner ist es für einen Ersatzanspruch des Mieters erforderlich, dass die vom Mieter durchgeführte Maßnahme dem

Interesse und dem wirklichen oder mutmaßlichen Willen des Vermieters entsprach oder von ihm nachträglich genehmigt wurde. Gegen das Interesse des Vermieters im Hinblick auf eine Baumaßnahme spricht es etwa, wenn deren Umfang vom Mieter bestimmt werden kann und die Kosten daher nicht absehbar sind.

Maßgeblich ist das tatsächliche Interesse des Vermieters. Irrt sich der Mieter darüber, geht dies zu seinen Lasten.

Sofern die Aufwendungen einen Wertzuwachs darstellen, also eine objektive Wertsteigerung der Mietsache vorliegt in dem Sinne, dass sich der Verkehrswert der Wohnung erhöht hat, kann dem Mieter ausnahmsweise doch ein Anspruch auf Wertersatz zustehen. Dem Umfang nach bemisst sich der Wertersatz nicht nach den Kosten der getätigten Verwendungen oder der dadurch geschaffenen objektiven Wertsteigerung des Bauwerks, sondern nach den Vorteilen, die der Vermieter aus dem erhöhten objektiven Ertragswert der Mietsache tatsächlich erzielen kann oder hätte erzielen können. Anhaltspunkt dafür ist in erster Linie die Zahlung eines höheren Mietzinses durch einen Nachmieter (BGH Urt. v. 16.9.1998 – XII ZR 136–96). Es ist dabei aber auch regelmäßig die Frage zu stellen, ob es sich hierbei nicht um eine dem Vermieter aufgedrängte Bereicherung handelt, für die im Einzelfall kein Wertersatz zu leisten ist.

Hat der Vermieter gar seinen entgegenstehenden Willen geäußert, scheidet ein Aufwendungsersatzanspruch in aller Regel aus.

Im Mietvertrag oder durch gesonderte Vereinbarung kann dem Mieter das Recht eingeräumt werden, das Mietobjekt nach seinen Vorstellungen und auf seine Kosten zu gestalten. Eine solche individuelle Vereinbarung hat einen doppelten Regelungsgehalt, denn einerseits erteilt der Vermieter hiermit die Genehmigung zu Aus- und Umbauten, zum anderen wird damit gleichzeitig der Ausschluss von Aufwendungsersatzansprüchen vereinbart, da der Vermieter mit der Zustimmung regelmäßig nicht die Vorstellung verbindet, die Arbeiten erfolgten für ihn (BGH Urt. v. 11.10.1989 – VIII ZR 285/88). Es dürfte ferner zulässig sein, mittels der Verwendung von AGB einen Aufwendungsersatzanspruch des Mieters auszuschließen.

Häufig wird aber im Mietvertrag die Erlaubnis zu solchen Maßnahmen, die zu Aufwendungen des Mieters führen, von der vorherigen Zustimmung des Vermieters im Einzelfall abhängig gemacht, um einerseits vermieterseitig unerwünschte Maßnahmen sowie andererseits etwaige Streitfragen zum Aufwendungsersatz zu vermeiden.

Den Mieter trifft bei der Vornahme von Maßnahmen an der Mietsache also häufig ein doppeltes Risiko: Er riskiert einerseits, die Kosten seiner Maßnahme vollständig allein zu tragen; andererseits kann er zur Rückgängigmachung der Maßnahmen auf eigene Kosten verpflichtet sein. Diese Risiken sollten durch klare und nachweisbare Absprachen mit dem Vermieter ausgeschlossen werden.

Ein Anspruch des Mieters auf Aufwendungsersatz verjährt spätestens 6 Monate nach Beendigung des Mietverhältnisses.

Rückzahlung der Kaution/Rückgabe der Mietsicherheit

Nach Beendigung des Mietverhältnisses entsteht für den Mieter ein Anspruch auf Rückzahlung der Mietkaution bzw. Rückgabe der Mietsicherheit. Dieser Anspruch wird nach der Rechtsprechung erst fällig, wenn eine angemessene Überlegungsfrist abgelaufen ist und dem Vermieter keine Forderungen mehr aus dem Mietverhältnis zustehen, wegen derer er auf die Sicherheit zugreifen darf (BGH Urt. v. 20.7.2016 – VIII ZR 263/14).

Kann der Vermieter übersehen, dass er zur Befriedigung seiner Ansprüche nicht auf die Kaution zurückgreifen muss, muss er die Kaution an den Mieter zurückzahlen. Er darf insoweit nicht untätig bleiben. Er ist in angemessener Frist zur Abrechnung der Kaution verpflichtet. Diese muss die Höhe der Kautionssumme einschließlich der Zinsen enthalten. Soweit Gegenforderungen in Rechnung gestellt werden, müssen diese nachvollziehbar nach Grund und Höhe dargelegt werden. Es ist also eine übersichtliche Gegenüberstellung der beiderseitigen Forderungen zu erstellen.

Gesetzlich ist keine Frist zur Abrechnung und Rückzahlung der Kaution vorgesehen. Die Angemessenheit der einem Vermieter zuzubilligenden Frist hängt vielmehr von den jeweiligen Umständen des Einzelfalls ab und kann im Einzelfall länger als 6 Monate betragen. Maßgeblich ist, welche Ansprüche aus dem Mietverhältnis konkret in Rede stehen.

So kann beispielsweise im Hinblick auf noch nicht fällige Betriebskosten ein längeres Zurückhalten der Kautionsrückzahlung – ggf. zu einem Teil – angemessen sein. Kann der Vermieter zeitnah feststellen, welche Ansprüche ihm gegen den Mieter zustehen, kann auch eine deutliche kürzere Abrechnungsfrist angemessen sein.

Hat der Mieter zur Sicherheit eine Sparforderung verpfändet, so kann er den Vermieter bei Vertragsende auf Pfandfreigabe in Anspruch nehmen. Im Falle einer Mietkautionsbürgschaft steht dem Mieter ein Anspruch auf Rückgabe der Bürgschaftsurkunde an den Bürgen zu. Eine Rückgabe der Bürgschaftsurkunde an sich selbst kann der Mieter hingegen nicht verlangen (hierzu siehe auch S. 37 f. Die Mietkautionsbürgschaft).

Stichwortverzeichnis

Die Autoren

Dr. Bianca Baldus ist Professorin für nationales und europäisches Wirtschafts- und Handelsrecht an der Hochschule Mainz. Ihr Interessenschwerpunkt liegt u. a. im Verbraucherrecht und Mietrecht.

Volker Grundmann ist seit fast 20 Jahren als selbstständiger Rechtsanwalt im Mietrecht tätig und seit dem Jahr 2005 Fachanwalt für Miet- und Wohnungseigentumsrecht mit eigener Kanzlei in Berlin.

Impressum:
Verlag C. H. Beck im Internet: www.beck.de
ISBN Print: 978-3-406-74035-0
ISBN E-Book: 978-3-406-74036-7
© 2019 Verlag C. H. Beck oHG
Wilhelmstraße 9, 80801 München
Satz: Fotosatz Buck, 84036 Kumhausen
Druck und Bindung: Beltz Bad Langensalza GmbH
Am Fliegerhorst 8, 99947 Bad Langensalza
Umschlaggestaltung: Ralph Zimmermann – Bureau Parapluie
Umschlagbild: © Alexander Raths – fotolia.com
Gedruckt auf säurefreiem, alterungsbeständigem Papier
(hergestellt aus chlorfrei gebleichtem Zellstoff)